DESDE FANON

DEIVISON MENDES FAUSTINO

MURYATAN SANTANA BARBOSA

DESDE FANON

BOITEMPO

Direção-geral Ivana Jinkings
Edição Pedro Davoglio
Coordenação editorial Thais Rimkus
Coordenação de produção Juliana Brandt
Assistência editorial Marcela Sayuri
Assistência de produção Livia Viganó
Preparação Mariana Zanini
Revisão Clara Altenfelder
Capa LeTrastevere
Diagramação Antonio Kehl

Equipe de apoio Ana Beatriz Leal, Ana Slade, Artur Renzo, Bruno Ferreira, Carolina Peters, Davi Oliveira, Elaine Ramos, Giovanna Corossari, Higor Alves, Ivam Oliveira, João Lucas Z. Kosce, Letícia Akutsu, Luciana Capelli, Marina Valeriano, Mateus Rodrigues, Maurício Barbosa, Raí Alves, Renata Carnajal, Sofia Perseu, Tatiane Carvalho, Thais Caramico, Tulio Candiotto

CIP-BRASIL. CATALOGAÇÃO NA PUBLICAÇÃO
SINDICATO NACIONAL DOS EDITORES DE LIVROS, RJ

F271d
Faustino, Deivison M.
Desde Fanon / Deivison M. Faustino, Muryatan S. Barbosa. - 1. ed. - São Paulo : Boitempo, 2025.

ISBN 978-65-5717-496-8

1. Fanon, Frantz, 1925-1961 - Crítica e interpretação. 2. Colonialismo. 3. Racismo. 4. Dialética. I. Barbosa, Muryatan S. II. Título.

25-98357.0 CDD: 325.3
CDU: 325.3

Gabriela Faray Ferreira Lopes - Bibliotecária - CRB-7/6643

Este livro compõe a quinquagésima sétima caixa do clube Armas da Crítica.

1ª edição: julho de 2025

BOITEMPO
Jinkings Editores Associados Ltda.
Rua Pereira Leite, 373
05442-000 São Paulo SP
Tel.: (11) 3875-7250 | 3875-7285
editor@boitempoeditorial.com.br | boitempoeditorial.com.br
blogdaboitempo.com.br | youtube.com/tvboitempo

Apresentação

Este é um livro de ensaios sobre Fanon, a partir de Fanon e com Fanon. Por conta disso, num primeiro momento, pensamos em intitulá-lo *Fanoniando*. Seria um belo nome, mas ao mesmo tempo enganoso, pois daria a entender que "fanoniar" é estudar e escrever sobre Fanon – algo que, em nossa opinião, estaria em desacordo com seu espírito revolucionário. Daí que tenhamos escolhido um título mais modesto: *Desde Fanon*, usando um termo que englobaria as três premissas postuladas: sobre, a partir de e com Fanon.

A consciência da importância deste livro foi-se construindo gradualmente dentro e depois do caos pandêmico. Entretanto, acontecimentos recentes como o genocídio e a limpeza étnica na Palestina, as ameaças de anexação do Canadá e da Groenlândia e, sobretudo, a intensificação dos conflitos armados em torno do cobalto na República Democrática do Congo, entre outros, explicitam a atualidade da teoria fanoniana e a necessidade de retomar alguns trabalhos que sistematizam sua teoria. A unidade deste trabalho é assegurada, em primeiro lugar, por todos os textos tratarem de um pensador que inspirou ambos os autores. Ademais, é um livro escrito por colegas de uma mesma geração de professores negros de universidades públicas no Brasil partícipes das recepções contemporâneas de Frantz Fanon no Brasil[1]. Talvez tais elementos sejam suficientes para justificar esta obra.

O que achamos mais interessante nessa história, contudo, foi perceber que tais fatos não implicaram um pensamento único sobre o tema. Pelo contrário: estamos olhando *desde Fanon*, mas com interpretações e ênfases distintas. Tal percepção impulsionou este projeto comum, visto que a maioria dos artigos ora reunidos já havia sido publicada de forma independente em revistas acadêmicas entre 2012 e 2023. Tratava-se de revê-los e discuti-los coletivamente, dando-lhes nova vida em outro contexto e até, por vezes, fazendo modificações mais substantivas.

No entanto, uma pergunta nos perseguia: será óbvio o que significa pensar desde Fanon? Aparentemente, sim. Indo mais a fundo, porém: tal objetivo não carregaria certas premissas? Por exemplo: o que é exatamente pensar *desde* um autor? E *a partir* de um autor? Ainda mais complexo: *com* um autor? Não se estaria aí recaindo em certa lógica de autenticidade e essencialismo? Ou seja, uma lógica de busca do "verdadeiro" Fanon, tão criticada por seus leitores de diversas gerações?

Sabemos que tais perguntas não são absurdas. E, no mundo acadêmico, podem implicar alto grau de sofisticação analítica, sobretudo do ponto de vista filosófico. Mas este debate não nos interessa aqui. Ao escrever desde

---

1 Antonio Sérgio A. Guimarães, "A recepção de Fanon no Brasil e a identidade negra", *Novos estudos Cebrap*, São Paulo, n. 81, jul. 2008, p. 99-114; Mário Augusto Medeiros da Silva, "Frantz Fanon e o ativismo político-cultural negro no Brasil: 1960/1980", *Estudos históricos*, Rio de Janeiro, v. 26, n. 52, jul./dez. 2013, p. 369-90; Rosânia do Nascimento, "Frantz Fanon no Brasil: uma releitura da sua recepção pelo Pensamento Negro Feminista", *Revista Ártemis*, v. 27, 2019, n. 1, p. 158-81; Deivison M. Faustino, "Revisitando a recepção de Frantz Fanon: o ativismo negro brasileiro e os diálogos transnacionais em torno da negritude", *Lua Nova*, n. 109, 2020, p. 303-31.

Fanon, partimos daquilo que a maioria dos cientistas sociais e historiadores vem fazendo desde sempre, ao trabalhar com ideias: analisar a veracidade da interpretação realizada, tendo em conta sua coerência lógica e factividade empírica. Indo além, dizemos que isso pode ser julgado por qualquer entendedor do assunto – seja ele acadêmico ou não –, desde que se explicite o critério avaliativo. Esse entendimento comum foi outro elemento que impulsionou a publicação deste livro, em um momento efervescente de nascimento de um campo de *Fanon Studies* no país.

Resta fazer uma ponderação sobre a ordem escolhida para apresentação dos ensaios, visto que ela não segue uma diretriz cronológica. Embora os artigos possam ser lidos separadamente, eles possuem certa lógica, e nela fez sentido elencá-los de forma alternada: Muryatan S. Barbosa (um, três e cinco) e Deivison M. Faustino (dois, quatro e seis).

Os dois primeiros buscam trazer não apenas o que Fanon disse, mas explorar interpretações possíveis que visam atualizar seu pensamento, destacando questões específicas de suas formulações intelectuais. São eles: "Fanon e a configuração colonialista" (Muryatan) e "Hegel, Fanon e a (suposta) interdição da dialética" (Deivison).

Os capítulos três e quatro são textos que tentam aplicar algumas dessas interpretações possíveis concretamente, analisando diferentes temáticas: "Tortura e configuração colonialista: uma leitura fanoniana do livro *Tortura na colônia de Moçambique, 1963-1974*" (Muryatan); e "Freud, Fanon e o mal-estar colonial" (Deivison, que o escreveu em parceria com a psicanalista e professora Miriam Debieux Rosa).

Os dois últimos textos, "Homi Bhabha leitor de Frantz Fanon: acerca da prerrogativa pós-colonial e do 'Fanon pós-colonial'" (Muryatan) e "Frantz Fanon teórico da tecnologia digital" (Deivison, que o escreveu em parceria com o historiador Walter Lippold[2]), trazem análises que dialogam com outros estudiosos de Fanon e que vêm revisitando o seu pensamento desde perspectivas distintas.

Por fim, por não ser algo óbvio, cabe dizer que um grande estímulo para a publicação deste livro veio do cenário caótico do Brasil, com endêmica ausência de visão de futuro. Cada vez mais subdesenvolvido e desindustrializado, este lugar chamado Brasil se vai afundando na barbárie neocolonial, que Fanon via nascer na grande maioria dos países africanos nos anos 1960. Muitos sinais apontam nessa direção: imperialismo triunfante; consolidação e reprodução social de uma burguesia local subdesenvolvida; violência e racismo sistêmicos como forma de controle social; lideranças populares corrompidas e acomodadas à ordem; sádicos e genocidas em posições de poder (macro e micro). Dentro desse contexto, vale lembrar um dos adágios mais famosos de Fanon: "Cada geração deve, numa relativa opacidade, descobrir sua missão, cumpri-la ou traí-la". Estes ensaios, no fundo, são reflexões nesse sentido.

---

2 Agradecemos aos professores Walter Lippold e Miriam Debieux Rosa pela parceria nas respectivas pesquisas.

1.

Fanon e a configuração colonialista

Muryatan S. Barbosa

Introdução

Durante as décadas de 1960 e 1970, Frantz Fanon ficou conhecido como um autor anticolonialista, tanto por sua adesão à Frente de Libertação Argelina (FLN) quanto pela publicação do livro *Os condenados da terra* (1961) – uma imagem que ficou cristalizada no belo prefácio de Jean-Paul Sartre ao referido livro. Poucos à época o viam como um teórico com potencial para tornar-se um clássico do pensamento social do século XX.

Tal percepção mudou desde então. Hoje, o pensamento do autor e militante martinicano é objeto de estudo multidisciplinar e global. E não se trata apenas de trabalho acadêmico, pois suas ideias continuam vivas nos movimentos sociais e políticos em lugares tão diversos quanto Estados Unidos, Itália, França, Palestina, Caribe, Brasil[1] e África do Sul. Esse amplo movimento de leituras e releituras de Fanon é bastante complexo

---

[1] Este ensaio foi escrito com o objetivo de ser uma breve contribuição a esse debate atual; ele não se debruça, portanto, sobre questões gerais que justificam a importância do pensamento de Fanon. Sobre isso, há farta bibliografia internacional que o leitor poderá pesquisar.

e não será aqui detalhado. Mas é necessária uma breve síntese, para que o leitor entenda o lugar deste ensaio e dos próximos aqui reunidos[2].

A meu ver, em linhas gerais, pode-se dividir a história intelectual dos trabalhos sobre Fanon em quatro blocos[3]. O primeiro destes é uma fase predominante entre 1960 e 1970, marcada pelas leituras dele como autor/ativista anticolonialista ou "terceiro-mundista", influenciado pelo marxismo e pelo existencialismo. Ali, a questão maior era sua análise dos sujeitos revolucionários no caso argelino (campesinato, lumpemproletariado) e da práxis libertadora anticolonial[4].

Uma segunda abordagem diz respeito aos estudos biográficos sobre Fanon, marcantes nos anos 1970

---

2 Mais sobre esse assunto particular, a partir da bibliografia especializada, pode ser visto em Lewis Gordon, *What Fanon Said: A Philosophical Introduction to His Life and Thought* (Joanesburgo, Wits University Press, 2015), ou Deivison M. Faustino, *A disputa em torno de Frantz Fanon: a teoria e a política dos fanonismos contemporâneos* (São Paulo, Intermeios, 2020) e *Frantz Fanon e as encruzilhadas: teoria, política e subjetividade* (São Paulo, Ubu, 2022).

3 Lewis Gordon, *What Fanon Said*, cit., p. 3-4.

4 Ver Jean-Paul Sartre, "Préface", em Frantz Fanon, *Les Damnés de la terre* (Paris, Maspero, 1961); Albert Memmi, *Portrait du colonisé, précédé du portrait du colonisateur* (Paris, Payot, 1973); Jack Woddis, *New Theories of Revolution: A Commentary on the Views of Frantz Fanon, Régis Debray and Herbert Marcuse* (Londres, Lawrence and Wishart, 1972); Cedric Robinson, "The Appropriation of Frantz Fanon", *Race & Class*, v. 35, jul. 1993, p. 79-91; Ato Sekyi-Otu, *Fanon's Dialectic of Experience* (Cambdrige, Harvard University Press, 1996); Peter Worsley, "Revolutionary Theories", *Monthly Review*, v. 21, n. 1, 1969, p. 30-49; Renate Zahar, *Frantz Fanon: Colonialism and Alienation* (Londres, Monthly Review, 1974); Emmanuel Hansen, *Frantz Fanon: Social and Political Thought* (Columbus, Ohio State University Press, 1977); Immanuel Wallerstein, "Reading Fanon in the 21st Century", *New Left Review*, n. 57, 2009, p. 117--25; entre outros.

e retomados recentemente[5]. Um terceiro bloco, com destaque entre os anos 1980 e 1990, analisa o suposto pioneirismo de Fanon como autor "pós-colonial" ou de "Estudos Culturais". Isso se deve à sua ênfase na inter-relação entre cultura e poder e à sua visão não essencialista das identidades[6].

Há, por fim, uma quarta vertente, pós-anos 2000, que visa desenvolver e atualizar o pensamento de Fanon a partir de suas próprias formulações[7]. Entre eles, estão

---

5 Ver Peter Geismar, *Fanon* (Nova York, Grove, 1971); David Caute, *Fanon* (Londres, Fontana/Collins, 1970); Irene Gendzier, *Frantz Fanon: A Critical Study* (Nova York, Vintage, 1974); Patrick Ehlen, *Frantz Fanon: A Spiritual Biography* (Nova York, Crossroad, 2001); David Macey, *Frantz Fanon: A Biography* (Londres, Granta, 2000); Alice Cherki, *Frantz Fanon: A Portrait* (trad. Nadia Benabid, Ithaca, Cornell University Press, 2006); Adam Shatz, *A clínica rebelde: uma biografia de Frantz Fanon* (trad. Érika Nogueira Vieira, São Paulo, Todavia, 2024).

6 Edward Said, *Culture and Imperialism* (Nova York, Knopf, 1993); Homi Bhabha, "Day by Day... with Frantz Fanon", em Alan Read (org.), *The Fact of Blackness: Frantz Fanon and Visual Representation* (Seattle/Londres, Bay/Institute of Contemporary Arts, 1996), p. 186-205, e *O local da cultura* (trad. Myriam Ávila, Eliana Lourenço de Lima Reis e Gláucia Renate Gonçalves, Belo Horizonte, Editora da UFMG, 1998); Henry Louis Gates Jr., "Critical Fanonism", *Critical Inquiry*, n. 17, 1991, p. 457-70; Neil Lazarus, *Nationalism and Cultural Practice in the Postcolonial World* (Cambridge, Cambridge University Press, 1999); Anthony Alessandrini (org.), *Frantz Fanon: Critical Perspectives* (Londres, Routledge, 1999); Achille Mbembe, *On the Postcolony* (Berkeley/Los Angeles, University of California Press, 2001).

7 Jane A. Gordon, "Revolutionary in Counter-Revolutionary Times: Elaborating Fanonian National Consciousness into the Twenty-First Century", *Journal of French and Francophone Philosophy: Revue de la philosophie française et de langue française*, v. 19, n. 1, 2011, p. 37-47; Alejandro Oto, *Frantz Fanon: política y poética del sujeto poscolonial* (Cidade do México, El Colegio de México, Centro de Estudios de Asia y África, 2003); Reiland Rabaka, *Forms of Fanonism: Frantz*

os trabalhos de vários intelectuais reunidos em torno da Associação Caribenha de Filosofia e da Fundação Frantz Fanon, dirigida pela filha do ativista martinicano, a socióloga Mireille Fanon-Mendés-France.

Os autores deste livro colocam-se no último grupo. E neste primeiro ensaio, busco fazê-lo a partir de uma contribuição específica, destacando e analisando a ideia de uma "configuração colonialista" no autor, que, salvo melhor juízo, ainda não foi tratada nessa vasta bibliografia citada. O termo aparece na tradução inglesa (Haakon Chevalier) de 1994 de um dos livros póstumos de Fanon: *Por uma revolução africana* (1964) – mais especificamente, em um dos artigos ali contidos: "Argélia face a face com os torturadores franceses" (originalmente publicado em 1957, no jornal tunisiano *El Moudjahid*). Por essa expressão, Fanon busca entender a reprodução da posição de superioridade de "povos conquistadores" sobre os "povos conquistados". Um fenômeno que se inicia com o colonialismo, mas que o ultrapassa.

Para adentrar o debate, retomaremos algumas questões prementes do autor nos anos 1950. Em especial, sua reflexão de época sobre certos paralelismos entre as

---

Fanon's Critical Theory and the Dialectics of Decolonization (Lanham, Lexington, 2011); Lewis Gordon, *Fanon and the Crisis of European Man: An Essay on Philosophy and the Human Sciences* (Nova York, Routledge, 1995) e *What Fanon Said*, cit.; Nigel Gibson, *Fanon: The Postcolonial Imagination* (Cambridge, Polity, 2003); Sylvia Wynter, "Towards the Sociogenic Principle: Fanon, Identity, the Puzzle of Conscious Experience, and What It Is Like to Be 'Black'", em Mercedes F. Durán-Cogan e Antonio Gómez-Moriana (orgs.), *National Identities and Sociopolitical Changes in Latin America* (Londres/Nova York, Routledge, 2001) Deivison M. Faustino, *"Por que Fanon, por que agora?": Frantz Fanon e os fanonismos no Brasil* (doutorado em sociologia, São Carlos, PPGS-UFSCar, 2015), *Frantz Fanon: um revolucionário, particularmente negro* (1. ed., São Paulo, Ciclo Contínuo, 2018), *A disputa em torno de Frantz Fanon*, cit., e, *Frantz Fanon e as encruzilhadas*, cit.

sociedades coloniais e as racistas (não colonizadas ou pós-coloniais). Isso porque, defende-se, foi a partir de tal preocupação que Fanon chegou ao assunto indicado.

O paralelismo entre sociedades coloniais e racistas

O conjunto de escritos que formam a obra de Fanon compreende quatro livros – *Pele negra, máscaras brancas* (1952); *O IV ano da Revolução Argelina* (1958); *Os condenados da terra* (1961); *Por uma revolução africana* (1964, reunindo escritos dos anos 1956-1960) – e uma dezena de ensaios e artigos, sendo alguns de comentário político (não presentes no livro de 1964), peças teatrais e textos especializados em psiquiatria, que só nos últimos quinze anos vêm sendo explorados pelos comentaristas. Os escritos principais possuem uma temática cambiante, que se inicia com a discussão das relações étnico-raciais entre negros e brancos (*Pele negra, máscaras brancas*) e termina com a projeção dos movimentos de descolonização na África como lutas de libertação, em *Os condenados da terra*. São poucos anos de uma profícua e vasta produção teórica, interrompidos pela morte prematura do autor por leucemia, em 1961, aos 36 anos.

Um tema de grande interesse neste ensaio, mas que mereceu pouco destaque entre os comentadores mais antigos do autor, é o paralelo que Fanon costumava fazer entre as sociedades coloniais e sociedades racistas não colonizadas ou pós-coloniais. Em particular, o autor observava que havia fenômenos culturais supostamente derivados e típicos da experiência colonial que podiam também ser encontrados em sociedades racistas, como os Estados Unidos. Há diversas passagens nesse sentido. Em *Os condenados da terra*, por exemplo, pode-se ler:

> Os negros nos Estados Unidos, na América Central ou na América Latina tinham necessidade, de fato, de se prender

> a uma matriz cultural. O problema que se colocava para eles não era fundamentalmente diferente daquele com o qual se confrontavam os africanos. Em relação a eles, os brancos da América não se comportaram de forma diferente dos que dominavam os africanos. Vimos que os brancos tinham se acostumado a atribuir a mesma importância a todos os negros.[8]

Ou ainda quando o autor refere-se ao jazz estadunidense, em outra passagem do mesmo livro:

> São os colonialistas que se tornam defensores do estilo nativo. Lembramo-nos perfeitamente – e o exemplo adquire uma certa importância, porque não se trata de uma realidade totalmente colonial – das reações dos especialistas brancos do jazz quando, depois da Segunda Guerra Mundial, novos estilos como o bebop se tornaram estáveis e cristalizados. Pois o jazz não deveria ser senão a nostalgia enferma e desesperada do negro velho preso entre cinco uísques, sua própria maldição e o ódio racista dos brancos. A partir do momento em que o negro se apreende e apreende o mundo de maneira diferente, faz nascer a esperança e impõe um recuo ao universo racista, é claro que o seu trompete tende a se desobstruir e sua voz a desenrouquecer. Os novos estilos, em matéria de jazz, não nasceram somente da concorrência econômica. É preciso ver aí sem dúvida uma das consequências da derrota, inelutável embora lenta, do universo sulista nos Estados Unidos. E não é utópico supor que, daqui a cinquenta anos, a categoria jazz-lamento soluçado de um pobre negro maldito será defendida somente pelos brancos, fiéis à imagem imobilizada de um tipo de relação, de uma forma de negritude.[9]

---

8 Frantz Fanon, *Os condenados da terra* (trad. Ligia Ferreira Fonseca e Regina Salgado Campos, Rio de Janeiro, Zahar, 2022), p. 216.

9 Ibidem, p. 243-4. Na verdade, essa passagem faz parte de um texto de 1958, intitulado "Fundamentos recíprocos da cultura nacional

Outro exemplo. Em uma nova coletânea de ensaios de Fanon, *Alienação e liberdade* (2020), há uma passagem em que o autor faz explicitamente o mesmo paralelo. O trecho vem da transcrição do seu curso de "Psicopatologia social", ministrado no Instituto de Altos Estudos de Túnis, entre 1959-1960:

> Nas sociedades segregadas, observa-se um comportamento caracterizado por uma tensão nervosa predominante, que leva muito rápido ao esgotamento. Entre os negros americanos, o autocontrole é permanente e está presente em todos os níveis, emocional, afetivo... Essa segregação, chamada de "*color bar*", é rígida, sua presença contínua tem algo de lancinante. [...] Desde a infância, a sociedade intervém no desenvolvimento da personalidade. Nas histórias de "ninar" já aparece o tema da negritude: "Dorme, dorme, meu pretinho, leve o tempo que levar, porque depois a mamata vai acabar". Espécie de condicionamento pelo absurdo. Há um espaço reservado, com tudo o que isso implica em termos de proibição. Há tensão psicológica e muscular intensa, que ocasionará cefaleias e úlceras orgânicas. A inquietude é importante. A rejeição acarreta complexos de inferioridade. A dificuldade de defender o amor-próprio desvaloriza esse amor-próprio. Existem, ao mesmo tempo, uma suscetibilidade, uma sensibilidade à flor da pele. Nos territórios sob dominação estrangeira, encontram-se as mesmas atitudes.[10]

Colocações como essas devem ser explicadas em seu contexto, na medida do possível. Nos anos 1950, havia um debate internacional sobre possíveis paralelismos entre a questão colonial e a questão racial. É verdade que os estudos mais sistemáticos são dos anos 1960, como

---

e das lutas de libertação", que foi a comunicação do autor ao II Congresso dos Escritores e Artistas Negros, ocorrido em Roma.

10 Frantz Fanon, *Alienação e liberdade: escritos psiquiátricos* (trad. Sebastião Nascimento, São Paulo, Ubu, 2020), p. 284-6.

em Pablo González Casanova, Rodolfo Stavenhagen ou Peter L. van den Berghe[11]. Mas o tema fora anunciado por intelectuais como Harry Heywood, José Carlos Mariátegui, Haya de la Torre, Jean-Paul Sartre, Guerreiro Ramos e Charles W. Mills. A Terceira Internacional Comunista discutia a questão desde os anos 1920. Em particular, se quisermos realizar tal comparação entre colonialismo e racismo referindo-nos aos indígenas em países como México, Bolívia ou Peru, ou à população negra nos Estados Unidos segregados, caracterizaríamos a sua situação como de "colonialismo interno"? "Semicolonial"? Ou se trataria de algo essencialmente diferente? Era um debate acadêmico, mas também político. Ou seja, Fanon não estava sozinho nessa investigação.

Em muitos momentos, o tema despertava polêmica entre os próprios ativistas negros e indígenas. Na época de Fanon, por exemplo, isso ocorreu no I Congresso dos Escritores e Artistas Negros, em 1956, quando o célebre Aimé Césaire fez uma crítica à condição semicolonial em que viveriam os negros estadunidenses[12]. O comentário foi malvisto por alguns presentes e o poeta foi alvo de críticas ásperas de intelectuais negros estadunidenses que ali estavam – segundo eles, o termo "semicolonial" lhes era estranho e inaceitável.

No caso de Fanon, além da política, a análise de tal paralelismo derivava de questões teóricas e existenciais.

---

[11] Pablo G. Casanova, "Internal Colonialism and National Development", *Studies in Comparative International Development*, v. 1, n. 4, 1965, p. 27-37; Rodolfo Stavenhagen, "Classes, Colonialism, and Acculturation: Essay on a System of Inter-Ethnic Relations in Mesoamerica", *Studies in Comparative International Development*, v. 1, n. 6, 1965; Pierre L. van den Berghe, *Race and Racism: A Comparative Perspective* (Nova York/Sydney, Wiley, 1967).

[12] Aimé Césaire, "Culture and Colonization", *Présence Africaine*, n. 8-10, jun./nov. 1956.

Em primeiro lugar, por ser um homem negro e antirracista em um mundo explicitamente racista. Em segundo lugar, por sua formação em psiquiatria. Em terceiro lugar, por sua trajetória cosmopolita: Martinica, França, Argélia, Tunísia; além de passagens rápidas por países como União Soviética, Itália, Egito, Marrocos, Estados Unidos, Mali e Senegal. Tal experiência lhe mostrou que a condição do negro era desfavorável em muitos lugares, não só na África colonial. Em quarto, por ter sido um dos intelectuais que à sua época deu maior importância à cultura, em suas teorizações e no plano da luta revolucionária anticolonial. Por todas essas razões, percebe-se por que tal paralelismo (entre sociedades racistas e sociedades coloniais) foi uma preocupação constante em sua trajetória intelectual. O que se discute aqui é o grau de teorização que tal reflexão promoveu, além de sua comprovação empírica.

A chamada configuração colonialista

Dentro das preocupações deste ensaio, um texto que merece destaque é "Racismo e cultura", escrito por Fanon para o I Congresso dos Escritores e Artistas Negros, ocorrido em Paris em 1956. Nele, o autor começa com uma questão primordial: o racismo deve ser entendido desde uma abordagem sistêmica e histórica. Ele é parte de uma "modalidade da hierarquização sistematizada conduzida de maneira implacável"[13], visando um trabalho de "escravização econômica" ou "mesmo biológica" de um grupo populacional sobre outro. Em seus termos: "O racismo, como já vimos, não passa de um elemento de um todo maior: a opressão sistematizada de um povo"[14]. Ele não é um todo,

13 Frantz Fanon, *Por uma revolução africana: textos políticos* (trad. Carlos Alberto Medeiros, Rio de Janeiro, Zahar, 2021), p. 69.

14 Ibidem, p. 71.

"mas o elemento mais visível, mais cotidiano, às vezes o mais grosseiro, em suma, de uma estrutura dada"[15]. Ele é a "norma" desta sociedade e desta cultura, que busca inferiorizar e desumanizar povos subalternizados[16].

Em sua visão, o racismo é próprio de um processo de opressão, de desumanização e de hierarquização, uma "disposição inscrita num determinado sistema"[17]. O colonialismo é certamente uma forma dessa dominação, mas não a única. Daí por que o autor cita novamente a situação estadunidense como exemplo possível:

> Hoje em dia se diz que o racismo é uma chaga da humanidade. Mas não se deve ficar satisfeito com essa frase. É preciso buscar incessantemente as repercussões do racismo em todos os níveis de sociabilidade. [...] Voltando aos Estados Unidos, o racismo assombra e conspurca a cultura norte-americana. [...] O racismo incha e desfigura a face da cultura que o pratica. A literatura, as artes plásticas, as canções para jovens sentimentais, os provérbios, os hábitos, os padrões, quer se proponham a criticar o racismo ou a banalizá-lo, restituem o racismo. O que equivale a dizer que um grupo social, um país, uma civilização não podem ser racistas inconscientemente.
>
> Nós repetimos: o racismo não é uma descoberta acidental. Não é um elemento secreto, dissimulado. Não são necessários esforços sobre-humanos para evidenciá-lo.
>
> O racismo salta aos olhos precisamente por fazer parte de um todo bastante típico: o da exploração desavergonhada de um grupo de homens por outro, que atingiu um estágio de desenvolvimento técnico superior. É por isso que a opressão militar e econômica precede, possibilita e legitima o racismo.[18]

---

[15] Ibidem, p. 70.

[16] Ibidem, p. 79.

[17] Ibidem, p. 80.

[18] Ibidem, p. 75 e 77.

Para Fanon, não existem graus de racismo[19]. O racismo que lincha e o que exotiza têm o mesmo fundamento e funcionalidade. E onde não se vê o racismo tão explícito é porque "o rigor do sistema torna supérflua a afirmação cotidiana de uma superioridade"[20].

Duas outras características do racismo são descritas por Fanon. A primeira é que, na medida em que é parte de um processo maior de desumanização – objetiva e subjetiva –, o racismo tem grande capacidade de introjeção e naturalização. Ele é a norma da sociedade. E, por conta disso, tanto racistas quanto grupos racializados (negativamente) tendem a se orientar por sua simbologia. Mas vale dizer, no caso do último grupo, que isso não seria propriamente uma escolha, visto que sua existência como grupo cultural lhes seria sistematicamente negada. A segunda característica do racismo é que, para ser funcional, ele precisa estar sempre se remodelando. Em certos períodos da história pode-se justificá-lo apenas com argumentos biológicos. No entanto, à medida que as sociedades vão entrando cada vez mais em contato e em inter-relação, tais argumentos precisam ser sofisticados. A partir de então, o racismo tende a se reproduzir por justificativas supostamente culturais e/ou psicológicas atribuídas aos grupos nele inferiorizados. É o momento da aculturação ou assimilação. Tal mudança não implica uma evolução da humanidade, mas apenas uma readequação discursiva[21].

Essa dinâmica não se limita ao elemento racista, pois ela inclui também o grupo inferiorizado. Em particular, seus intelectuais. Conforme vão percebendo as falácias do racismo, os intelectuais deste grupo buscam revalorizar suas próprias tradições e culturas. Tornam-se rebeldes.

---

19 Ibidem, p. 81.

20 Ibidem, p. 76.

21 Ibidem, p. 78.

Buscam a "verdade" sobre as realizações dos seus povos, falsificadas pelos dominadores. Para Fanon, esse pode ser o início da participação deles na luta anticolonial, como uma luta de libertação[22].

A partir de tal análise do autor, clássica em termos de racismo "estrutural" ou "sistêmico", vale então retomar a questão anterior, acerca do paralelismo entre sociedades coloniais e racistas. Nesse ponto, a argumentação de Fanon é peremptória. Para ele, ambas as sociedades são fruto de um mesmo processo de subjugação de alguns grupos populacionais por outros. O autor utiliza termos diversos para descrever esse dado: hierarquização, inferiorização, opressão, desumanização. Mas o importante é que ele vê tais termos como elementos de um mesmo processo de dominação, de poder e de exploração, que nasce com o colonialismo, mas não morre com ele.

Um ano após ter escrito "Racismo e cultura", Fanon volta a essa temática em outros artigos do *El Moudjahid*. É aí que aparece a ideia de uma estrutura ou configuração colonialista, que ele traz no ensaio "Argélia face a face com os torturadores franceses", publicado em setembro de 1957. Nele, Fanon trata especificamente do tema da tortura, que lhe vinha angustiando desde seu trabalho psiquiátrico na Argélia. O artigo se opõe àqueles que, por ingenuidade ou cinismo, acreditavam que a tortura da polícia e das tropas francesas na Argélia era um problema pontual. "São exceções", diziam os "democratas" e "liberais" franceses à época.

Em oposição a tal interpretação, ele defende que a tortura, longe de ser uma exceção, seria a regra de uma estrutura ou configuração colonialista, formada pela dominação policial, por um racismo sistemático e por um processo de desumanização racionalmente perseguido. Em suas palavras:

---

[22] Ibidem, p. 83.

> De fato a Revolução Argelina restitui seus direitos à existência nacional. De fato ela é testemunha da vontade do povo. Mas o interesse e o valor de nossa revolução residem na mensagem da qual é portadora.
>
> As práticas verdadeiramente monstruosas que surgiram desde 1º de novembro de 1954 surpreendem principalmente por terem se generalizado... Na verdade, a atitude das tropas francesas na Argélia se situa numa estrutura de dominação policial, racismo sistemático e desumanização realizada de maneira racional. A tortura é inerente ao todo da estrutura colonialista.[23]

Ou seja, conforme a colocação acima, a tortura não é a regra do colonialismo, mas de algo maior: a estrutura ou configuração colonialista[24]. E isso se evidencia na forma como Fanon completa a frase citada:

> A Revolução Argelina, ao se propor à libertação do território nacional, visa não apenas à morte desse todo, mas à elaboração de uma nova sociedade. A independência da Argélia não é somente o fim do colonialismo, mas o fim, nessa parte do mundo, de um germe de gangrena e de uma fonte de epidemia. A libertação do território nacional argelino é uma derrota para o racismo e a exploração do homem; ela inaugura o reinado incondicional da justiça.[25]

---

23 Frantz Fanon, *Por uma revolução africana*, cit., p. 107.

24 A expressão utilizada por Fanon em *Pour la révolution africaine* é "*ensemble colonialiste*". A tradução "configuração colonialista", aqui também adotada, foi utilizada na edição inglesa de 1994, traduzida por Haakon Chevalier. Em edição recente da Zahar (*Por uma revolução africana*, cit.), o tradutor Carlos Alberto Medeiros optou por "estrutura colonialista" (p. 107). Deivison M. Faustino, em *Frantz Fanon e as encruzilhadas*, cit., p. 42, optou por "complexo colonialista", que também nos parece correta, por estar de acordo com o sentido original.

25 Frantz Fanon, *Por uma revolução africana*, cit., p. 107.

Não resta dúvida. Para o autor, a tarefa maior da Revolução Argelina, que ele defendia, não era "apenas" derrotar o colonialismo, mas destruir tal configuração colonialista.

As palavras do autor são bem colocadas[26]. Enquanto fenômeno sistêmico, a tortura tinha um papel fundamental no colonialismo, porque este não podia existir sem a possibilidade de violência contra o colonizado por danos físicos, violações e massacres. Mas, vale repetir, o colonialismo (enquanto dominação político-administrativa de um país sobre outro) é apenas uma forma da configuração colonialista.

Para deixar isso evidente, afirma em seguida: "A tortura é uma modalidade das relações entre invasor e invadido"[27], ou em outros termos, das relações entre conquistadores e conquistados. Em suma, algo cuja origem foi o colonialismo, mas que existe para além dele. Como parte de uma estrutura contínua de relações sociopsíquicas – como explicou Fanon em "Racismo e cultura" (1956) –, a normalização da tortura e sua glorificação tendem a favorecer o comportamento perverso e o tipo sádico que o acompanha, que sente prazer em infligir dor ao Outro, violentando-o, estuprando-o e massacrando-o[28]. É, portanto, a lógica da configuração colonialista que favorece a psicopatia.

---

[26] Na verdade, tratava-se de um esforço coletivo da equipe do *El Moudjahid*, como mostrou a secretária de Fanon à época, Alice Cherki, em sua biografia do autor. Esse trabalho coletivo minimizava a probabilidade de erros e interpretações dúbias. Ver Alice Cherki, *Fanon*, cit., p. 151.

[27] Frantz Fanon, *Por uma revolução africana*, cit., p. 109.

[28] Daí que Fanon cite a importância do estupro. O estupro é, eminentemente, um ato sádico. Quanto mais dor conseguir causar em sua vítima, mais prazer o estuprador terá no seu ato. Ver ibidem, p. 116.

Descolonizando

Infelizmente, Fanon não teve o tempo necessário para resolver muitas das questões teóricas que o angustiavam. Isso fica patente em *Os condenados da terra* (1961). Sem dúvida, um livro belíssimo, uma resposta para as questões políticas que se colocavam de forma candente no início de 1960. Mas ele não é a resposta final para os dilemas teóricos que formaram o intelectual Frantz Fanon em toda a sua amplitude e grandeza.

Em minha opinião, parte dessas questões era criar uma teoria completa acerca de uma configuração colonialista, uma categoria que procurava explicar a tensa e contraditória relação entre povos conquistadores e povos conquistados. A ideia de conquista é essencial. O que o autor aponta é que, independentemente de serem sociedades coloniais, racistas, neocoloniais, subdesenvolvidas, as sociedades de conquista criam formas de manter e naturalizar sua dominação e exploração no tempo. Um sistema que se mantém pela desumanização de suas vítimas, por um processo que inclui exploração (de trabalho e biológica) e dominação (objetiva e subjetiva, ou seja, despersonalização).

Obviamente, as formas de reprodução dessas sociedades são dinâmicas. A polícia ocupa hoje o papel que antes era da força militar. O racismo hoje tende a ser implícito. Mas não se trata de evolução. Tanto assim que, na onda do neofascismo ou neoescravismo atual, o racismo vai sendo retomado de forma brutal e explícita. Afinal, essencialmente, essas e outras formas de exploração e dominação têm a mesma finalidade: manter uma configuração colonialista particular.

Sem dúvida, cabe refletir se tal termo (configuração colonialista) consegue abarcar toda a diversidade e complexidade do fenômeno que busca explicar: as relações de poder, dominação e exploração entre povos conquistadores e conquistados. Trata-se de um debate em aberto, tanto do ponto de vista teórico, quanto do político. Penso que esta reflexão possa instigar um público mais amplo a entender a atualidade do pensamento de Frantz Fanon, e explicar por que esse psicanalista martinicano, morto aos 36 anos, merece ser visto e lido como um clássico do século XX.

Referências

ALESSANDRINI, Anthony (org.). *Frantz Fanon*: Critical Perspectives. Londres, Routledge, 1999.

BERGHE, Pierre L. van den. *Race and Racism*: A Comparative Perspective. Nova York/Sydney, Wiley, 1967.

BHABHA, Homi. Remembering Fanon: Self, Psyche, and the Colonial Condition. In: FANON, Frantz. *Black Skin, White Masks*. Londres/Sydney, Pluto, 1986, p. VII-XXVI.

______. Day by Day... with Frantz Fanon. In: READ, Alan (org.). *The Fact of Blackness*: Frantz Fanon and Visual Representation. Seattle/Londres, Bay/Institute of Contemporary Arts, 1996, p. 186-205.

______. *O local da cultura*. Trad. Myriam Ávila, Eliana Lourenço de Lima Reis e Gláucia Renate Gonçalves, Belo Horizonte, Editora da UFMG, 1998.

BULHAN, Hussein A. *Frantz Fanon and the Psychology of Oppression*. Nova York, Plenum, 2004.

CÉSAIRE, Aimé. Culture and Colonization. *Présence Africaine*, n. 8-10, jun./nov. 1956.

CASANOVA, Pablo G. Internal Colonialism and National Development. *Studies in Comparative International Development*, v. 1, n. 4, 1965, p. 27-37.

CAUTE, David. *Fanon*. Londres, Fontana/Collins, 1970.

CHERKI, Alice. *Frantz Fanon*: A Portrait. Trad. Nadia Benabid, Ithaca, Cornell University Press, 2006.

EHLEN, Patrick. *Frantz Fanon*: A Spiritual Biography. Nova York, Crossroad, 2001.

FANON, Frantz. *Toward the African Revolution*: Political Essays. Nova York, Grove, 1994.

______. *Pour la révolution africaine*: écrits politiques. Les classiques des sciences sociales, 2001. Disponível em: <https://classiques.uqam.

ca/classiques/fanon_franz/pour_une_revolution_africaine/pour_une_revolution_africaine.html>; acesso em: 8 abr. 2025.

______. *Alienação e liberdade*: escritos psiquiátricos. Orgs. Jean Khalfa e Robert J. C. Young, trad. Sebastião Nascimento, São Paulo, Ubu, 2020.

______. *Por uma revolução africana*: textos políticos. Trad. Carlos Alberto Medeiros, Rio de Janeiro, Zahar, 2021.

______. *Os condenados da terra*. Trad. Ligia Ferreira Fonseca e Regina Salgado Campos, Rio de Janeiro, Zahar, 2022.

FAUSTINO, Deivison M. *"Por que Fanon, por que agora?"*: Frantz Fanon e os fanonismos no Brasil. Doutorado em sociologia, São Carlos, PPGS-UFSCar, 2015.

______. *Frantz Fanon*: um revolucionário, particularmente negro. 1. ed., São Paulo, Ciclo Contínuo, 2018.

______. *A disputa em torno de Frantz Fanon*: a teoria e a política dos fanonismos contemporâneos. São Paulo, Intermeios, 2020.

______. *Frantz Fanon e as encruzilhadas*: teoria, política e subjetividade. São Paulo, Ubu, 2022.

GATES, Henry Louis, Jr. Critical Fanonism. *Critical Inquiry*, n. 17, 1991, p. 457-70.

GEISMAR, Peter. *Fanon*. Nova York, Grove, 1971.

GENDZIER, Irene. *Frantz Fanon*: A Critical Study. Nova York, Vintage, 1974.

GIBSON, Nigel. *Fanon*: The Postcolonial Imagination. Cambridge, Polity, 2003.

GORDON, Jane A. Revolutionary in Counter-Revolutionary Times: Elaborating Fanonian National Consciousness into the Twenty--First Century. *Journal of French and Francophone Philosophy*: Revue de la philosophie française et de langue française, v. 19, n. 1, 2011, p. 37-47.

GORDON, Lewis. *Fanon and the Crisis of European Man*: An Essay on Philosophy and the Human Sciences. Nova York, Routledge, 1995.

______. *What Fanon Said*: A Philosophical Introduction to His Life and Thought. Joanesburgo, Wits University Press, 2015.

HANSEN, Emmanuel. *Frantz Fanon*: Social and Political Thought. Columbus, Ohio State University Press, 1977.

LAZARUS, Neil. *Nationalism and Cultural Practice in the Postcolonial World*. Cambridge, Cambridge University Press, 1999.

MACEY, David. *Frantz Fanon*: A Biography. Londres, Granta, 2000.

MBEMBE, Achille. *On the Postcolony*. Berkeley/Los Angeles, University of California Press, 2001.

MEMMI, Albert. *Portrait du colonisé, précédé du portrait du colonisateur*. Paris, Payot, 1973.

OTO, Alejandro. *Frantz Fanon*: política y poética del sujeto poscolonial. Cidade do México, El Colegio de México, Centro de Estudios de Asia y África, 2003.

RABAKA, Reiland. *Forms of Fanonism*: Frantz Fanon's Critical Theory and the Dialectics of Decolonization. Lanham, Lexington, 2011.

ROBINSON, Cedric. The Appropriation of Frantz Fanon. *Race & Class*, v. 35, jul. 1993, p. 79-91.

SAID, Edward. *Culture and Imperialism*. Nova York, Knopf, 1993.

SARTRE, Jean-Paul. Préface. In: FANON, Frantz. *Les Damnés de la terre*. Paris, Maspero, 1961.

SEKYI-OTU, Ato. *Fanon's Dialectic of Experience*. Cambridge, Harvard University Press, 1996.

SHATZ, Adam. *A clínica rebelde*: uma biografia de Frantz Fanon. Trad. Érika Nogueira Vieira, São Paulo, Todavia, 2024.

STAVENHAGEN, Rodolfo. Classes, Colonialism, and Acculturation: Essay on a System of Inter-Ethnic Relations in Mesoamerica. *Studies in Comparative International Development*, v. 1, n. 6, 1965.

WALLERSTEIN, Immanuel. Reading Fanon in the 21st Century. *New Left Review*, n. 57, 2009, p. 117-25.

WODDIS, Jack. *New Theories of Revolution*: A Commentary on the Views of Frantz Fanon, Régis Debray and Herbert Marcuse. Londres, Lawrence and Wishart, 1972.

WORSLEY, Peter. Revolutionary Theories. *Monthly Review*, v. 21, n. 1, 1969, p. 30-49.

WYNTER, Sylvia. Towards the Sociogenic Principle: Fanon, Identity, the Puzzle of Conscious Experience, and What It Is Like to Be "Black". In: DURÁN-COGAN, Mercedes F.; GÓMEZ-MORIANA, Antonio (orgs.). *National Identities and Sociopolitical Changes in Latin America*. Londres/Nova York, Routledge, 2001.

ZAHAR, Renate. *Frantz Fanon*: Colonialism and Alienation. Londres, Monthly Review, 1974.

2.

Hegel, Fanon e a (suposta) interdição da dialética

Deivison M. Faustino

Introdução

Em 1951, um jovem martinicano de 25 anos diagnosticava, em seu trabalho de conclusão de curso[1], um incômodo limite à dialética hegeliana: para o estudante de psiquiatria forense da Universidade de Medicina de Lyon chamado Frantz Omar Fanon (1925-1961), o reconhecimento, tal como observado por Georg Wilhelm Friedrich Hegel (1770-1831) ao se referir à sociedade civil burguesa, não se efetivaria em contextos coloniais. É, pois, sobre esse diagnóstico que o presente artigo se ocupa.

A dialética do senhor e do servo[2] (*Dialektik von Herr und Knecht*) é uma das chaves analíticas mais importantes

---

1 Originalmente nomeado *Essai sur la désaliénation du noir* [Ensaio sobre a desalienação do negro], o TCC rejeitado foi publicado posteriormente sob o título *Peau noire, masques blancs* (Paris, Éditions du Seuil, 1952), texto que aqui aparecerá grafado com a sigla *PNMB*.

2 Embora a edição brasileira de *Phänomenologie des geistes* aqui adotada, traduzida sob a coordenação de Paulo Meneses como *Fenomenologia do Espírito* (Petrópolis, Vozes, 1999), defina *Knechtschaft* e *Knecht*, respectivamente, como "escravidão" e "escravo", optei por traduzi-los, neste ensaio, como "servidão" e "servo". Essa opção ampara-se em Judith Rollins, "'And the Last Shall Be First': The Master-Slave

da *Fenomenologia do Espírito*[3], publicada por Hegel em 1807, em Jena, Alemanha, ainda sob o calor da Revolução Francesa, por ele aclamada, e da subsequente invasão de Napoleão ao então território prussiano, personagem que ele chamou de: "A alma do mundo [...] montado em seu cavalo"[4]. Com essa alegoria e a partir dela, desdobram-se temas cruciais para o conjunto de seu pensamento, como a negação, a vida, a morte, a dominação, a reciprocidade, a cognição, o reconhecimento, a identidade e a consciência. Há nela a explicitação de um confronto intersubjetivo, em que

---

Dialectic in Hegel, Nietzsche and Fanon", *Human Architecture: Journal of the Sociology of Self-Knowledge*, v. 5, n. 3, 2007, que lembra que Hegel tinha em mente a servidão feudal (*Knechtschaft*) e não a escravidão colonial moderna (*Sklaverei*) ao formular a sua alegoria, ainda que não deixe de empregar, de forma esparsa, os termos "*Sklaverei*" (escravidão) e "*Sklave*" (escravo). Embora ambas sejam formas de dominação coercitivas, há uma margem contingente de escolha e proteção do dominado na servidão feudal que inexiste na escravidão. Essa diferença de estatuto será fundamental para o argumento aqui adotado, embora reconheçamos que o próprio Fanon, sob influência da tradução francesa de Jean Hyppolite (Georg Wilhelm Friedrich Hegel, *La Phénoménologie de l'Esprit*, v. 1, Paris, 1937, p. 162), empregue "*Knecht*" como "*Sklave*" (escravo) e não "*serf*" (servo). Essa opção foi o que lhe permitiu aproximar e, ao mesmo tempo, diferenciar o "*Knecht*" hegeliano do escravo colonial moderno, o que sugere uma distância muito maior em relação a Hegel do que o conjunto da sua obra parece demonstrar.

3 É possível concordar com Hyppolite (*Gênese e estrutura da* Fenomenologia do Espírito de Hegel, trad. Silvio Rosa Filho et. al., São Paulo, Discurso Editorial, 2003, p. 68), quando afirma que esse livro representava para o próprio Hegel um modo de reflexão filosófica, que era a sua marca: "A *Fenomenologia* era para Hegel, consciente ou inconscientemente, o meio de oferecer ao público não um sistema já pronto, mas a história de seu próprio desenvolvimento".

4 Georg Wilhelm Friedrich Hegel, "Hegel à Niethammer, Le lundi 13 octobre 1806", em *Correspondance*, v. 1 (trad. Jean Carrère, Paris, Gallimard, 1990), p. 115.

o desejo e a submissão – mas também as possibilidades de afirmação, reciprocidade, diferença e identidade – são descritos como parte da história humana, em seu caminho de reconhecimento de si, como sujeito da história. É isso que ele quer dizer quando afirma: "A consciência-de-si só alcança sua satisfação em uma outra consciência-de-si"[5].

Está implícita nessa formulação a dialética entre identidade e diferença em que a consciência se percebe e se constitui na relação com aquilo que lhe é ou parece ser exterior e, sobretudo, a ideia de um sujeito universal e autocentrado, que se constitui, se reconhece e autodetermina relacionalmente a partir da razão na história[6]. Nesse sentido, o reconhecimento é o momento de *identidade* (reconciliação) do espírito absoluto consigo mesmo, isto é, ponto de chegada da dialética, acessível à consciência apenas após o confronto com a sua exterioridade, que pode ser constituída tanto pela objetividade alienada que se lhe aparece como outra de si quanto pelo confronto com outra(s) subjetividade(s).

O ponto que nos interessa aqui é que Fanon, ao expor e concordar com essa premissa, mas influenciado pela tradução francesa de *Knecht* (servo) para *esclave* (escravo), levante algumas objeções quanto à sua aplicabilidade à sociabilidade colonial, como afirma: "o senhor, neste caso, difere essencialmente daquele descrito por Hegel. Há reciprocidade em Hegel, enquanto aqui o senhor escarnece da consciência do escravo (*esclave*)"[7]. Do mesmo modo, "o escravo, neste caso, não é de modo algum assimilável

[5] Georg Wilhelm Friedrich Hegel, *Fenomenologia do Espírito*, cit., p. 124-5, § 175.

[6] György Lukács, *Para uma ontologia do ser social*, v. 1 (trad. Carlos Nelson Coutinho, Mario Duayer e Nélio Schneider, São Paulo, Boitempo, 2012).

[7] Frantz Fanon, *Pele negra, máscaras brancas* (trad. Sebastião Nascimento e Raquel Camargo, São Paulo, Ubu, 2020), p. 230-1.

àquele que, perdendo-se no objeto, encontra no trabalho a fonte de sua libertação [...]. Em Hegel, o escravo se aparta do senhor e se volta para o objeto. Aqui, o escravo se volta para o senhor e abandona o objeto"[8].

As perguntas que surgem, a partir dessa posição, são: o diagnóstico fanoniano representa uma ruptura, reafirmação ou transfiguração da dialética hegeliana? O que acontece com essa formulação fanoniana quando distinguimos a servidão feudal (*Knechtschaft*) da escravidão (*Sklaverei*) moderna? Com vistas a essas questões, serão investigados aqui alguns escritos de Hegel e Fanon. Como se poderá constatar, parte-se do pressuposto de que a *alienação colonial* [*aliénation coloniale*] apresentada pelo psiquiatra martinicano guarda proximidades com a noção de *estranhamento* [*Entfremdung*] oferecida por György Lukács. Nessa linha, sugiro a existência de um *estranhamento colonial*, em suas dimensões econômicas e ideológicas, como fenômeno histórico complexo de cisão entre o indivíduo (colonizado) e a dimensão genérica da sua humanidade[9].

O termo "estranhamento" foi empregado por Karl Marx nos *Manuscritos econômico-filosóficos* (1844) como sinônimo de desumanização e desidentificação do homem com sua vida humano-genérica: O trabalho estranhado faz [...] do ser genérico do homem, tanto da natureza quanto da faculdade genérica espiritual dele, um ser estranho a ele [...]. Estranha do homem o seu próprio corpo, assim como a natureza fora dele, tal como a sua essência espiritual, a sua essência humana. [...] uma consequência imediata disto [...] é o estranhamento do homem pelo

---

[8] Ibidem, p. 231.

[9] Deivison M. Faustino, "A emoção é negra e a razão é helênica? Considerações fanonianas sobre a (des)universalização do 'ser negro'", *Revista Tecnologia e Sociedade* (on-line), v. 1, n. 18, 2013, p. 121-36; disponível on-line.

[próprio] homem.[10] Em sua *Ontologia*, György Lukács retoma o "estranhamento" [*Entfremdung*] – diferenciado do termo alienação [*Entäusserung*], como exteriorização ou objetivação [*Vergegentändlinchung*] – como uma alienação negativa, construída pelos próprios homens, que obstaculiza seu processo de autoconstrução e bloqueia o pleno desenvolvimento do gênero humano[11].

Apesar de os autores citados estarem falando do *estranhamento do trabalho* posto pela sociabilidade do capital, o próprio Lukács[12] compreende a existência de outras formas de estranhamento que se articulam em relativa autonomia ao capitalismo enquanto *complexo de complexos*[13]. O argumento que estrutura o presente trabalho

---

[10] Karl Marx, *Manuscritos econômico-filosóficos* (trad. Jesus Ranieri, São Paulo, Boitempo, 2010), p. 85-6.

[11] Fátima Maria Nobre Lopes, *Lukács: estranhamento, ética e formação humana* (doutorado em educação, Fortaleza, PPGE-UFC, 2006).

[12] György Lukács, *Para uma ontologia do ser social*, v. 2 (trad. Nélio Schneider, Ivo Tonet e Ronaldo Vielmi Fortes, São Paulo, Boitempo, 2013).

[13] Em referência à noção de "complexo de complexos" empregada por Lukács, Ester Vaisman, citando Scarponi, afirma: "Esta estrutura constitutiva do ser, a que Lukács designa como um 'complexo de complexos' – tomando de empréstimo a terminologia de Nicolai Hartmann –, apresenta-se sempre por meio de uma intrincada interação dos elementos no interior de cada complexo. O complexo no interior desta perspectiva é compreendido e determinado como um conjunto articulado de categorias que se determinam reciprocamente, e estruturado de forma decisiva por uma categoria que atua como momento preponderante em seu interior. Desse modo a 'universal processualidade' do ser deriva não somente da complicada interação dos 'elementos' (complexos) no interior de cada complexo e dos complexos entre si, mas da presença cada vez de um *übergreifendes Moment* que fornece a direção objetiva do processo, o qual se configura por isso como um processo histórico'"; Ester Vaisman, "A obra tardia de Lukács e os revezes de seu itinerário intelectual", *Trans/Form/Ação*, v. 30, n. 2, 2007, p. 256.

se pauta pela matização do racismo moderno como um *estranhamento colonial*. O que se buscará evidenciar aqui, no entanto, é a originalidade do argumento de Fanon ao apontar a particularidade desse estranhamento, diante de um complexo maior de complexos estranhados que compõem a sociabilidade do capital e, sobretudo, chamar a atenção para a relevância desse diagnóstico para as ciências sociais contemporâneas.

Assim, expomos e problematizamos aqui três elementos interdependentes, identificados como basilares ao estatuto teórico de Fanon: 1. Fanon partilha do pressuposto hegeliano segundo o qual a identidade é produzida na relação recíproca com sua alteridade; 2. a interdição colonial do reconhecimento é um decaimento da dominação política para o *status* de negação da humanidade; 3. tal estranhamento não é ontológico, mas histórico e, portanto, pode ser superado a partir de uma negação prático-sensível, levada a cabo pelos próprios colonizados.

O senhor, o servo e a reciprocidade

Em seu estreito comprometimento com a concepção de sociedade civil oferecida pelos economistas burgueses de sua época, Hegel[14] elaborou uma *teleologia teológica* inovadora que identificava o Estado moderno como a "autorrealização da razão", ou, como afirmava, a "justificação de Deus na história". Se, por um lado, essa formula-ção desenvolve-se a partir de uma lógica filosófica que atribuía à Europa capitalista *a universalidade autoantecipadora do espírito universal*, por outro, contraditoriamente, oferece um esquema especulativo que

[14] Georg Wilhelm Friedrich Hegel, *Filosofia da história* (2. ed., trad. Maria Rodrigues e Hans Harden, Brasília, Editora da UnB, 2008), p. 29-30.

aponta para uma *abertura radical da história*, como "processo multifacetado dos intercâmbios sócio-históricos"[15] que abrigam, portanto, a possibilidade de uma transformação social.

Para ele, a consciência de *nossa* existência dependia da interação e, sobretudo, do reconhecimento que os outros atribuem a nós, pois é na relação com *eles* – enquanto exterioridade objetiva – que nos fazemos e percebemos *Nós/Eu*. Em suas palavras: "A consciência de si é em si e para si quando e porque é em si e para si para uma outra: quer dizer que só é como algo reconhecido"[16]. Como lembra Axel Honneth, a principal contribuição do filósofo alemão é a afirmação do caráter recíproco da identidade, uma vez que "o conflito prático que se acende entre os sujeitos é por origem um acontecimento ético, na medida em que objetiva o reconhecimento intersubjetivo das dimensões da individualidade humana"[17].

No mesmo caminho, mas direcionando a reflexão para pensar o dilema do negro na sociedade moderna, Fanon inicia a seção "*B – Le nègre et Hegel*" [O negro e Hegel] do capítulo "*Le nègre et la reconnaissance*" [O negro e o reconhecimento], em *PNMB*, afirmando que o "homem só é humano na medida em que busca se impor a outro homem, a fim de ser reconhecido por ele"[18].

---

15 István Mészáros, *Filosofia, ideologia e ciência social: ensaios de negação e afirmação* (trad. Ester Vaisman, São Paulo, Boitempo, 2008), p. 130.

16 Georg Wilhelm Friedrich Hegel, *Fenomenologia do Espírito*, cit., p. 126, § 178.

17 Axel Honneth, *Luta por reconhecimento: a gramática moral dos conflitos sociais* (trad. Luiz Repa, São Paulo, Editora 34, 2003), p. 48.

18 Frantz Fanon, *Pele negra, máscaras brancas*, cit., p. 227. A utilização do termo "homem" como expressão de humano, por Frantz Fanon, foi alvo de discussão em Rey Chow, "Female Sexual Agency, Miscegenation, and the Formation of Community in Frantz Fanon", em Anthony Alessandrini (org.), *Frantz*

A dialética do reconhecimento, continua Fanon, pressupõe que *Eu* e o *Outro* nos façamos humanos em uma relação recíproca, evitando enclausurar um ao outro em uma "realidade natural", caso contrário, a dialética não se efetivaria, tornando "irrealizável o movimento em duplo sentido"[19].

Tanto em Hegel quanto em Fanon a consciência de si é *em si* e *para si* porque é legitimada por outra consciência e, portanto, o movimento de reconhecimento pressupõe ir além do *em si* do próprio sujeito, identificando o seu *ser* no Outro. Ocorre que, para o filósofo alemão, o movimento dessas duas consciências, cada qual desejando fazer da outra o objeto de sua satisfação, é expresso por uma luta (de vida ou morte) para provar a si mesma e a uma outra o valor de sua existência, e é somente a partir dessa luta que a consciência pode elevar-se à *certeza de si*, pois o "indivíduo que não arriscou a vida pode bem ser reconhecido como pessoa; mas não alcançou a verdade desse reconhecimento como uma consciência de si

---

Fanon: Critical Perspectives (Londres, Routledge, 1999); Diana Fuss, "Interior Colonies: Frantz Fanon and the Politics of Identification", *Diacritics*, v. 24, n. 2-3, 1994, p. 20-42; Lewis Gordon, *What Fanon Said: A Philosophical Introduction to His Life and Thought* (Joanesburgo, Wits University Press, 2015); bell hooks, "Feminism as a Persistent Critique of History: What's Love Got to Do with It?", em Alan Read (org.), *The Fact of Blackness: Frantz Fanon and Visual Representation* (Seattle/Londres, Bay/Institute of Contemporary Arts, 1996), p. 76-85; Reiland Rabaka, *Forms of Fanonism: Frantz Fanon's Critical Theory and the Dialectics of Decolonization* (Lanham, Lexington, 2011); Tracy Denean Sharpley-Whiting, *Frantz Fanon: Conflicts and Feminisms* (Washington, Rowman & Littlefield, 1997); Lola Young, "Missing persons: Fantasising Black Women in *Black Skin, White Masks*", em Alan Read (org.), *The Fact of Blackness*, cit.

19 Frantz Fanon, *Pele negra, máscaras brancas*, cit., p. 227.

independente. Assim como arrisca a própria vida, cada um deve igualmente tender à morte do outro; pois para ele o Outro não vale mais que ele próprio"[20].

Esse aspecto é crucial para entender a proposta fanoniana, pois aquele que não arriscou a vida em busca da afirmação de si como liberdade não pode ter a "certeza de si mesmo"; ao contrário, "sua essência se apresenta como um outro, [que] está fora dele; [e, portanto] deve *suprassumir* seu ser fora de si"[21]. Em Hegel, como se nota, em primeiro lugar, a consciência independente, que se afirma, é o *senhor*; e a dependente, que não se arriscou, é o *servo*[22], que vê seu ser *subsumido*, fora de si. Em segundo lugar, essa *coisidade inessencial*, atribuída ao último, é marcada por uma negatividade ontológica que o separa decisivamente do senhor, apartando o que é idêntico a si (mesmo = *idem*) de toda a diferença suposta.

No entanto, a polarização existente entre uma consciência dependente e uma independente apresenta-se tal e qual apenas em um nível mais primário e *imediato* de consciência (certeza sensível). Ao longo da alegoria – ao fazer do servo a *coisa* que transforma o seu *desejo* em *gozo* – o senhor se torna *dependente do trabalho* dele, "enquanto a independência deixa-o ao servo, que

---

20 Georg Wilhelm Friedrich Hegel, *Fenomenologia do Espírito*, cit., p. 128-9, § 187.

21 Idem.

22 Susan Buck-Morss, *Hegel, Haiti and Universal History* (Pittsburgh, University of Pisttsburgh Press, 2009) chama a atenção para o caráter dos termos "senhor", "escravo", "servidão" etc. para os pensadores do Iluminismo, movimento em que se inclui, ainda que tardiamente, Hegel. Tanto para o filósofo alemão quanto para Fanon, apesar de suas diferenças e atribuições, que serão mais bem abordadas a seguir, os termos não remetiam, necessariamente, à escravidão colonial legalizada, mas a uma metáfora mais ampla relativa à dominação e à oposição à liberdade.

a trabalha"[23], percebendo-se, ao final, que "a consciência inessencial é, nesse reconhecimento, para o senhor, o objeto que constitui a verdade da certeza de si mesmo"[24]; ou seja, o senhor deixa de estar *certo de si* como *verdade* e percebe que a sua verdade é uma "consciência inessencial" que está fora dele, no servo.

Em contrapartida, a verdade como "consciência independente" emerge como própria da consciência servil rumo ao reconhecimento recíproco do ser *em si* em *para si* do outro[25], fazendo com que os últimos (servos) se elevem à posição de *primeiros* (*para si*). Para a socióloga estadunidense Judith Rollins[26], nessa passagem, a dialética materializa a possibilidade bíblica de "os últimos se tornarem os primeiros" *aqui mesmo*, no reino dos homens[27], ou seja, a possibilidade de os *dominados* emanciparem-se dos estranhamentos históricos que vivenciam, não apenas no plano *lógico-especulativo* (*ou teológico*), mas também, como reivindicará Marx, posteriormente, em um sentido

---

[23] Georg Wilhelm Friedrich Hegel, *Fenomenologia do Espírito*, cit., p. 130, § 190.

[24] Ibidem, p. 130, § 192.

[25] Ibidem, p. 131-2, § 193.

[26] Judith Rollins, "And the Last Shall Be First", cit.

[27] Na Bíblia cristã, a referida metáfora aparece descrita nos livros de Mateus (19, 30 e 20, 26), Marcos (10, 31) e Lucas (13, 30), a partir de diferentes parábolas atribuídas a Jesus Cristo. O que lhes é comum é a analogia a respeito da possibilidade de o sofrimento vivido no mundo dos homens ser aliviado (ou recompensado) no mundo divino. Em termos teológicos, pode-se supor que o sofrimento advindo da desigualdade social e da dominação política seria superado no reino divino por aqueles escolhidos por Deus. No entanto, o critério dessa escolha escaparia à racionalidade e aos juízos morais humanos, uma vez que aqueles que, na ordem social, seriam os últimos passariam a ser os primeiros no juízo divino. O que Hegel parece fazer em sua alegoria é, além de secularizar os critérios, anunciar a possibilidade da redenção no mundo humano.

distinto de Hegel, no plano *prático-sensível* (materialista), transgredindo efetivamente a própria ordem social que lhes nega enquanto sujeitos. Podem-se pensar do mesmo modo as experiências emancipatórias, como a Revolução do Haiti[28], as lutas anticoloniais de libertação nas colônias europeias e estadunidenses da África, Ásia e América, bem como a concretização prática dessa possibilidade.

Não é à toa que Hegel, ao constatar esses riscos, buscou amenizá-los oportunamente[29]. Se não é possível

---

[28] Realizada sob o calor da Revolução Francesa em uma colônia da França localizada no Caribe, a Revolução Haitiana, segundo argumenta Susan Buck-Morrs em "Hegel and Haiti", *Critical Inquiry*, v. 26, n. 4, 2000, p. 821-65, teria forte influência nas ideias de dialética adotadas por Hegel, embora ele mesmo, pelos motivos que se apresentarão a seguir, não pudesse reconhecer essa influência. Vale lembrar, ainda, que não apenas Hegel se omitiu sobre essa revolução que elevou a universalidade do Espírito a um patamar histórico que nem mesmo a Europa foi capaz de fazer; ver Slavoj Žižek, *Primeiro como tragédia, depois como farsa* (trad. Maria Beatriz de Medina, São Paulo, Boitempo, 2011). Também os seus diversos seguidores, reformadores e críticos modernos, à esquerda e à direita, caíram no mesmo equívoco, dado o fato de o levante ser inconcebível à mentalidade colonial implícita à modernidade e aos seus críticos. Nas palavras do antropólogo haitiano Michel-Rolph Trouillot, *Silencing the Past: Power and the Production of History* (Boston, Beacon, 1995), a Revolução Haitiana entrou na história mundial com a particularidade de ser inconcebível ainda enquanto ocorria.

[29] Como afirma Mészáros, *Filosofia, ideologia e ciência social*, cit., p. 135-6: "Horrorizado com as implicações explosivas da dialética objetiva do 'senhor' e do 'escravo' [...], o autor da *Fenomenologia do Espírito* tenta desesperadamente desdizer sua conclusão já na última meia página do capítulo sobre 'Domínio e servidão', com o auxílio de malabarismos linguísticos e sofisticação conceitual. Em *Filosofia da história* (e em *Filosofia do direito*), as dúvidas de Hegel desaparecem por completo, e a racionalização ideológica da autoafirmação brutal da ordem social, material e politicamente

se vacinar contra as consequências subversivas da dialética, quando se pensa a história humana em seu *para si* contraditório, em busca da expansão de liberdade, que, pelo menos, se defina, com critérios precisos, *quem* ou *o que* pode ser considerado humano. Em *Filosofia da história*[30], escrito anos depois da *Fenomenologia*, Hegel apresentará uma visão racional predeterminada da história humana universal, pautada por uma geografia racializada da razão[31] da qual a África Subsaariana não faz parte, enquanto a Europa, ou o Ocidente (em seus pressupostos liberais-burgueses), apresenta-se como polo mais desenvolvido – ou até o seu fim acabado, o ponto de chegada da história.

A esta altura, o que se quer destacar a despeito desse visível eurocentrismo de Hegel é, em primeiro lugar, a dimensão relacional da consciência de si com aquilo que lhe é ou lhe *parece ser* outro. A afirmação de Fanon[32] de que é "no outro" que o homem "condensa o sentido da sua vida", seguida de uma citação direta da *Fenomenologia*, localizada no primeiro parágrafo da seção "*Le nègre et Hegel*", sugere que, tanto para Fanon quanto para o filósofo alemão, a relação entre identidade e diferença é de reciprocidade e não exclusão – isto é, o *Eu* é dependente do *Outro* e constitui-se com ele em uma determinação

---

dominante, através da 'prova de fogo da guerra', adquire a rigidez antidialética de um postulado metafísico arbitrário".

30 Georg Wilhelm Friedrich Hegel, *Filosofia da história*, cit.

31 Como argumentou: "Por mais que retrocedamos na História, acharemos que a África está sempre fechada no contato com o resto do mundo, é um país criança envolvido na escuridão da noite, aquém da luz da história consciente. O negro representa o homem natural em toda a sua barbárie e violência; para compreendê-lo devemos esquecer todas as representações europeias. Devemos esquecer Deus e as leis morais"; ibidem, p. 84.

32 Frantz Fanon, *Pele negra, máscaras brancas*, cit., p. 227.

reflexiva de negação e afirmação. Não se desconsidera, no entanto, que a tematização da identidade como reconciliação formal apenas com aquilo que lhe é identicamente o *mesmo* (A = A e portanto não é B) fundamentou a exclusão, submissão e até o extermínio de tudo e todos que fossem historicamente considerados diferentes. O que se destaca – e essa foi a base da crítica de Fanon ao nacionalismo, por exemplo[33] – é a dimensão relacional e reciprocamente dependente entre a identidade e a diferença, presente na própria dialética.

Em segundo lugar, a reciprocidade implícita à dinâmica de negação e afirmação, identidade e diferença, através da história, permite que o *Eu* também se converta em outro para um *Outro*, de modo que o sujeito se reconheça também objeto dependente e, em alguma instância, objeto do desejo desse outro, em um jogo de afirmação, negação e dependência recíproca. A dominação política, nesse caso, é legítima não apenas porque se ampara em convenções contratualistas, tradicionais ou carismáticas, mas, sim, porque é exercida entre sujeitos – mesmo que assujeitados – da mesma espécie; portanto, não é improvável que, mesmo sob opressão, *os últimos* almejem *ser os primeiros*.

Ao contrário do que se supõe, em Fanon a dialética do reconhecimento é um traço humano fundamental à nossa constituição como sujeitos, não isentos de conflitos e contradições com o outro e consigo. É na relação contraditória com o (outro) exterior que se produz o Sujeito, ele próprio produto e ao mesmo tempo produtor desta mesma relação. Por essa razão, não há servo sem senhor nem senhor sem servo, ou seja, o Sujeito não existe sem seu objeto e, de certa forma, é subordinado à medida em que é transformado por ele. No entanto, quando a relação sujeito-objeto é estabelecida por duas consciências – e

---

[33] Ver, neste sentido, Frantz Fanon, "Desventuras da consciência nacional", em *Os condenados da terra*, cit.

não necessariamente por uma consciência e uma coisa inessencial – há um revezamento recíproco na condição de sujeito e objeto. Mesmo que uma delas se submeta à outra, como na servidão feudal, o sujeito objetificado não fica preso à situação de objeto, pelo contrário, é, tal como no BDSM ou na filosofia política moderna, reconhecido como sujeito, mesmo nas situações de dominação.

Mas a dominação, aqui, não é algo inato ao dominado, mas fruto da relação que se estabeleceu entre dois sujeitos. Não à toa, ao final da dialética, o servo, ainda que assujeitado, é reconhecido como sujeito. Em Fanon, não há sujeito sem objeto assim como não há essência humana que anteceda a experiência que se produz na relação. O ser humano é, portanto, incontornavelmente contraditório e carente de determinações prévias às experiências que o forjam. Sob a notável influência de Sartre e Merleau-Ponty, Fanon afirmará que sua essência se situa, justamente, na zona do não ser que se caracteriza como o reino da liberdade.

Ao contrário das leituras hegemônicas que interpretam a zona do não ser fanoniana como desumanização, alinho-me ao psicólogo brasileiro Nilson Lucas Gabriel quando propõe pensá-la como expressão fenomenológica de liberdade[34]. Como diz o próprio Fanon: "Existe uma zona do não ser, uma região extraordinariamente estéril e árida, uma encosta perfeitamente nua, de onde pode brotar uma aparição autêntica"[35]. Notem que aqui a tal zona, inóspita e escorregadia, é tal como nas definições existencialistas, a condição infernal de liberdade. Não o "círculo infernal" do racismo que aprisiona o negro em seus atributos fantasmagóricos, mas o verdadeiro inferno que Dante experimenta ao descer e encarar as profundezas

---

[34] Nilson Lucas Dias Gabriel, *A liberdade em Frantz Fanon: a existência aos olhos dos condenados* (Guarapuava, Apolodoro Virtual, 2021, digital).

[35] Frantz Fanon, *Pele negra, máscaras brancas*, cit., p. 22.

das próprias contradições[36] para, então, emergir ao céu como sujeito, não exatamente da autonomeação, mas do reconhecimento das próprias contradições.

Tanto em Sartre quanto em Merleau-Ponty, o não ser é entendido como indeterminação. Ou seja, a singularidade do ser humano é, justamente, a de não ser determinado por nenhuma essência que preceda a experiência vivida. A experiência é sempre a experiência com um outro – algo ou alguém – exterior em um revezamento recíproco e contraditório na posição de sujeito e objeto. O racismo moderno, portanto, não é a zona do não ser, mas a impossibilidade de habitá-la integralmente e se encontrar como sujeito em uma sociedade em que a reciprocidade é interditada. Como explica Fanon: "Na maior parte dos casos, o negro não goza da regalia de empreeender essa descida ao verdadeiro inferno"[37]. Mas, como veremos, Fanon não se contenta com esse diagnóstico e nos convida a sacudir as raízes carcomidas do edifício colonial.

A negação racializada e a interdição do reconhecimento

Se a reciprocidade é a característica desse processo de desenvolvimento do espírito humano, o que faz com que os

---

[36] Ao comentar a menção à zona do não ser em *Pele negra, máscaras brancas*, Lewis Gordon, em seu *What Fanon Said*, cit., p. 19-20, identifica uma ambivalência do termo. Se por um lado, como argumenta, ele serve para problematizar as angústias existenciais de se viver em um mundo onde não se é considerado humano – é possível que ele esteja se referindo ao trecho em que Fanon afirma que "a existência dos Bantu se vê colocada no plano do não ser, do imponderável" (p. 197) –, por outro, reconhece que nele Fanon anuncia com a "descida aos verdadeiros infernos" a possibilidade de descida, ora como Virgílio, ora como o próprio Dante Alighieri, ao nível genuinamente humano da existência. É sobre esse sentido que me debruço aqui.

[37] Frantz Fanon, *Pele negra, máscaras brancas*, cit., p. 22.

africanos e seus descendentes – entre os quais se incluem os revolucionários haitianos em sua efetivação concreta dos termos abstratos da Revolução Francesa – não sejam reconhecidos como parte do processo de desenvolvimento humano universal? Embora Fanon parta da *Fenomenologia do Espírito* para pensar o reconhecimento como reciprocidade, mas, sobretudo, como fruto de uma luta de vida e morte pela liberdade, o jovem estudante aponta, em *PNMB*, uma anomalia na dialética, quando aplicada à situação colonial.

> Historicamente, o negro [*nègre*], mergulhado na inessencialidade da servidão, foi libertado pelo senhor. Ele não travou a luta pela liberdade. O negro, antes escravo [*esclave*], invadiu a liça [*lice*] onde se encontravam os senhores. Assim como aqueles empregados domésticos que uma vez por ano têm permissão para dançar no salão, o negro busca um par. O negro não se tornou senhor. Quando não há mais escravos, não há senhores.[38]

Observa-se, aqui, em primeiro lugar, que o autor, fiel à tradução francesa de Hegel oferecida por Hyppolite, utiliza o termo "escravo" [*esclave*], e não "servo", para empregar a dialética do senhor e do servo aos propósitos de seu empreendimento. Em segundo lugar, que o emprego da palavra *nègre*, em vez de *noir*, para definir esse sujeito *assujeitado* pela colonização, exprime o *status* rebaixado de sua humanidade para o nível da animalidade objetificada[39]. Em uma analogia com o contexto anglófono, *nègre* poderia

---

[38] Frantz Fanon, *Pele negra, máscaras brancas*, cit., p. 229.

[39] Achille Mbembe, no mesmo caminho, algumas décadas depois, falará da criação moderna de uma "*condition nègre*" imposta aos africanos escravizados. Para o colonialismo, argumenta Mbembe, *nègre* representa a redução do africano tanto à bestialidade quanto à objetificação enquanto homem-objeto, homem-mercadoria, homem-moeda; *Crítica da razão negra* (trad. Sebastião Nascimento, São Paulo, n-1, 2018). Frantz Fanon antecipa essa abordagem.

ser traduzido como o ofensivo *nigger*, enquanto *noir*, simplesmente, como *black*, ou seja, antônimo de *white*[40].

Esse decaimento (*estranhamento*) – que para Fanon poderia ser aplicado a outras situações de opressão e exploração nas quais a dimensão humana de alguém seja radicalmente negada – à condição de *nègre*, e, portanto, *escravo inessencial*, tem consequências objetivas e subjetivas que precisariam ser descortinadas, caso se almeje entender – e, sobretudo, transformar – as relações postas pela universalização desigual e combinada do capital nas colônias. Para ele, o colonialismo, em sua vinculação umbilical e, ao mesmo tempo, como contraparte estranhada daquilo que o Ocidente gestou de melhor, do ponto de vista da generalidade humana, sustenta-se, enquanto complexo de complexos, por uma interação econômico-ideológica que impede, de um lado, que a consciência "independente"[41] do colonizador se veja como parte da *outra* que a compõe e, do outro lado, que a "consciência dominada" do colonizado alcance a "verdadeira independência" como "consciência de si livre" como previsto na dialética do senhor e do servo.

Diante desse estranhamento (colonial), o *Outro* não se lhe aparece – embora continue sendo – como elemento constituinte do *Eu*[42]. Em consequência, a dimensão humano-genérica, historicamente presente em cada particularidade universal[43], aparece como própria a apenas uma delas: o pretenso senhor (branco). Por conseguinte, o

---

[40] Lewis Gordon, *What Fanon Said*, cit., p. 22.

[41] Georg Wilhelm Friedrich Hegel, *Fenomenologia do Espírito*, cit.

[42] Ato Sekyi-Otu, *Fanon's Dialectic of Experience* (Cambridge, Harvard University Press, 1996).

[43] Sobre o conceito de "particularidade universal", cunhado por Immanuel Kant, na tematização da relação entre universal e particular feita por Fanon, ver Ato Sekyi-Otu, *Fanon's Dialectic of Experience*, cit., e Slavoj Žižek, *Primeiro como tragédia, depois como*

europeu, em seu movimento antropofágico de descobrir--se sujeito da história em contraposição à natureza, ao *dizer* "o que é o humano"[44], com as mãos cheias de sangue e a consciência turva pelo *véu do racismo*[45], consegue apenas *descrever a si mesmo*, excluindo como *menos* ou *não* humano qualquer outro que não se assemelhe a ele próprio.

O negro, por sua vez, cercado por esses "espelhos de vidro duro e deformador"[46], mas dependente do olhar alheio para compor a própria imagem, assiste impaciente ao desmoronamento do próprio ego[47]. A consequência dessa interdição, para o negro, é uma consciência duplicada, em que se vê apenas a partir do olhar do outro, que não o vê[48]; uma vez imbuído e interiorizado esse olhar reificador, acaba aprisionado a essa particularidade

---

farsa, cit., e *Menos que nada: Hegel e a sombra do materialismo dialético* (trad. Rogério Bettoni, São Paulo, Boitempo, 2013).

44 Não se pode ignorar a importância atribuída à fala na sociedade ocidental. Do verbo gerador de tudo, na Bíblia cristã (João 1, 1-5), à virada linguística, quem pode falar ascende ao patamar de Deus. Lewis Gordon, *What Fanon Said*, cit., argumenta que o racismo antinegro eleva o branco e a cultura europeia à categoria de divindade (*teodicy*).

45 W. E. B. Du Bois, *As almas da gente negra* (trad. Heloisa Toller Gomes, Rio de Janeiro, Lacerda, 1999).

46 Ralph Ellison, *Homem invisível* (trad. Maria Serra, São Paulo, Marco Zero, 1990).

47 Frantz Fanon, *Pele negra, máscaras brancas*, cit., p. 103.

48 W. E. B. Du Bois, *As almas da gente negra*, cit. Para Du Bois, que também foi leitor de Hegel, o negro estadunidense é separado em *African* e *American experience*: "Essa consciência dupla, essa sensação de estar sempre a se olhar com os olhos de outros, de medir sua própria alma pela medida de um mundo que continua a mirá-lo com o divertido desprezo e piedade. E sempre a sentir a sua duplicidade – americano e negro; duas almas, dois pensamentos, dois esforços irreconciliados; dois ideais que se combatem em um corpo escuro cuja força obstinada unicamente impede que se destroce"; ibidem, p. 54.

amaldiçoada e "esmagadora"[49] ou, pior que isso, diante dela, age direcionando as suas agressividades pulsionais[50] contra si próprio[51] em vez de direcionar ao outro que opõe resistência ao seu *para si*.

Entretanto, em Fanon, o problema adquire expressão ainda mais dramática: o negro [*noir*] não existe *em si*, enquanto ser substantivo; é apenas uma abstração [*nègre*] produzida por uma *Weltanschauung* reificada da sociabilidade colonial e, devido a esse estranhamento, a sua presença/existência é atestada apenas como predicado à agência do "verdadeiro" *sujeito* (branco/colonizador). Diante dele, portanto, sua resistência ontológica desfaz-se em um vazio dolorosamente *nauseante*.

> A reviravolta atingiu o negro [*noir*] por fora [*l'extérieur*]. O negro [*noir*] foi arrastado. Valores que não surgiram de sua ação, valores que não resultam da ascensão sistólica de seu sangue, vieram dançar um círculo colorido ao seu redor. A revolta não diferenciou o preto [*nègre*]. Ele passou de um modo de vida para outro, mas não de uma vida a outra [...]. O negro [*noir*] se contentou em agradecer ao branco [...]. De tempos em tempos, ele luta pela liberdade e justiça, mas sempre se trata de liberdade branca e justiça branca, ou seja, valores secretados pelos mestres. O ex-escravo [*ex-esclave*], que não encontra em sua memória a luta pela liberdade nem a angústia [*l'angoisse*] da liberdade de que fala Kierkegaard, fica de pé com a garganta

---

49 Ibidem, p. 103.

50 Para uma análise sobre a importância do conceito freudiano de "pulsão de morte" em Fanon, ver Stefan Bird-Pollan, *Hegel, Freud and Fanon: The Dialectic of Emancipation* (Londres/Nova York, Rowman & Littlefield International, 2015).

51 "O negro inferiorizado vai da insegurança humilhante, passando pela autoincriminação ressentida, até o desespero"; Frantz Fanon, *Pele negra, máscaras brancas*, cit., p. 74.

> seca diante desse jovem branco que toca e canta na corda bamba da existência.[52]

As referências à "náusea" sartreana e à angústia kierkegaardiana são bastante elucidativas da posição de Fanon sobre a existência humana e os seus conflitos paradoxais em face da liberdade e indefinição. No entanto, o problema que ele aponta aqui é outro: o colonialismo provoca um "rebaixamento"[53] ao nível da *inumanidade coisificada* e, portanto, a *náusea* a que ele se refere não é provocada pelo *tremor* e pela *angústia* diante da liberdade (*para si*), mas pelo aprisionamento subjetivo e objetivo do colonizado em uma reificação pretensamente ontológica. Por essa razão, lamenta o autor, não lhe é possível "descer ao verdadeiro inferno"[54] e encarar *humanamente* a corda bamba da existência. Em outras palavras, ao relativizar o alcance de Hegel, Fanon também relativiza o alcance dos críticos e herdeiros daquele diante das particularidades coloniais.

Assim, a crítica fanoniana não é dirigida à maneira como este ou aquele autor abordam a dimensão humana e a dominação política, mas, sim, ao decaimento do *nègre* para baixo da dimensão humana, enquanto coisidade inessencial: "objeto em meio a outros objetos"[55]. A menção feita pelo autor a Marx em *Os condenados da terra* é bastante didática a esse respeito:

> Quando se apreende o contexto colonial em seu imediatismo, fica patente que o que divide o mundo é antes de mais nada o fato de pertencer a tal espécie, a tal raça. Nas colônias, a infraestrutura econômica é igualmente uma superestrutura. A causa é consequência: a pessoa é rica porque é branca,

---

[52] Idem, *Peau noire, masques blancs*, cit., p. 199, tradução livre.

[53] Stefan Bird-Pollan, *Hegel, Freud and Fanon*, cit.

[54] Frantz Fanon, *Pele negra, máscaras brancas*, cit., p. 22.

[55] Ibidem, p. 125.

> é branca porque é rica. É por isso que as análises marxistas devem ser sempre ligeiramente flexibilizadas a cada vez que se aborda o problema colonial. Até mesmo o conceito de sociedade pré-capitalista, bem estudado por Marx, deveria ser repensado aqui. O servo possui uma essência diferente da essência do cavaleiro, mas é necessária uma referência ao direito divino para legitimar essa diferença de estatuto. [...] Não são nem as fábricas, nem as propriedades, nem a conta bancária que caracterizam em primeiro lugar a "classe dirigente". A espécie dirigente é, antes de tudo, aquela que vem de fora, a que não se parece com os autóctones, "os outros".[56]

Embora ambos, o *servo* feudal (do alemão, *Knecht*), que Hegel tinha em mente em sua dialética, e o *escravo* (em francês, *esclave*) colonial, analisado por Fanon, encontrassem na religião a fundamentação da sua existência[57], há uma diferença essencial de *status* entre eles. Mesmo que a sociedade feudal ocidental ainda não tivesse assistido ao surgimento das novas formas de governo, características da modernidade[58], pautadas pelos princípios políticos e jurídicos da "igual dignidade"[59], e a "essência do servo"

---

56 Frantz Fanon, *Os condenados da terra* (trad. Ligia Fonseca Ferreira e Regina Salgado Campos, Rio de Janeiro, Zahar), p. 36-7.

57 Pelo menos no início, no caso do negro, uma vez que, com o amadurecimento da sociedade capitalista, o racismo religioso foi substituído pelo racismo científico, no século XIX, e pelo racismo cultural, após a Segunda Guerra Mundial. Frantz Fanon, "Pour la révolution africaine (écrits politiques)", *Cahiers Libres*, n. 53-4, Paris, François Maspero, 1964.

58 Michel Foucault, *Microfísica do poder* (org. e trad. Roberto Machado, Rio de Janeiro, Graal, 2006).

59 Charles Taylor, *El multiculturalismo y "la política del reconocimiento": ensayo de Charles Taylor* (trad. Mónica Utrilla de Neira, Liliana Andrade Llanas e Gerard Vila Roca, Cidade do México, Fondo de Cultura Económica, 1993) e *Hegel e a sociedade moderna* (trad. Luciana Pudenzi, São Paulo, Loyola, 2005).

fosse religiosamente "diferente da do cavaleiro", ambos eram iguais, enquanto filhos de Deus, e poderiam, a depender do destino divino, ascender ao mesmo paraíso, em outra vida[60]. Assim, a servidão [*Knechtschaft*] que inspirou Hegel (também traduzida para o inglês como *Bondage*) guarda, em seu voluntarismo assujeitado, um certo pacto que oferece algum benefício ao submisso, em nome da satisfação do desejo do mestre, mesmo que seja o prazer da sua segurança a partir da inserção garantida em uma comunidade maior.

O caso do *escravo* moderno a que se refere Fanon é outro: não se faz pacto com um *meio de produção*, apenas se o utiliza, manipula, destrói ou descarta, caso não seja útil. Para essa coisa (*it* e não *he/she*) selvagem ou doméstica, o direito e o acesso ao espaço público da *polis*[61] não são possíveis, exceto enquanto "pano de fundo natural", animado, ou inerte, ao lado dos "palmeirais e dos camelos"[62]. Isso significa que, desde que a democracia burguesa emergiu como o modo político mais adequado à reprodução do capital, até o presente momento – em que ela passa a ser paulatinamente enfraquecida, inclusive nos centros capitalistas –, o revezamento entre o direito e a soberania próprio à *biopolítica democrática* somente se sustentou porque contou, de maneira complementar e invertida, com a continuidade de uma *necropolítica autocrática* sob aqueles a

---

[60] György Lukács, *Para uma ontologia do ser social*, v. 2, cit., p. 627, em seu intento de caracterizar o estranhamento religioso, lembra que, embora o cristianismo tenha se convertido, no feudalismo, em uma ideologia da edificação e estratificação social instransponível, deve sua vigência mundial justamente ao fato de, pelo menos em seu início, ter proposto uma neutralização radical de todas as edificações até então existentes: "Todos somos filhos de Deus".

[61] Hannah Arendt, *A condição humana* (trad. Roberto Raposo, Rio de Janeiro, Forense Universitária, 2014).

[62] Frantz Fanon, *Os condenados da terra*, cit., p. 252.

quem a humanidade é inconcebível[63], como afirmou Fanon em *Os condenados da terra*:

> O mundo colonizado é um mundo dividido em dois. A linha divisória, a fronteira, é indicada pelos quartéis e delegacias de polícia. Nas colônias, o interlocutor válido e institucional do colonizado, o porta-voz do colono e do regime de opressão, é o policial ou o soldado. Nas sociedades de tipo capitalista, o ensino, religioso ou laico, a formação de reflexos morais transmitidos de pais para filhos, a honestidade exemplar de operários condecorados depois de cinquenta anos de bons e leais serviços, o amor incentivado pela harmonia e pela prudência, essas formas estéticas do respeito pela ordem estabelecida, criam em torno do explorado um clima de submissão e inibição que ameniza consideravelmente o trabalho das forças de segurança pública. Nos países capitalistas, entre o explorado e o poder se interpõe uma multidão de professores de moral, de conselheiros, de "desorientadores". Nas regiões coloniais, ao contrário, o policial e o soldado, por sua presença imediata, suas

---

63 Michel-Rolph Trouillot, *Silencing the Past*, cit. O filósofo brasileiro José Chasin, em *A miséria brasileira, 1964-1994: do golpe militar à crise social* (Santo André, Estudos e Edições Ad Hominem, 2000), em sua tarefa de captar as particularidades do capitalismo brasileiro, argumenta que o país se caracteriza pela "via colonial de entificação capitalista". Enquanto nas experiências clássicas europeias a consolidação do capital exigiu uma ruptura com a velha sociedade feudal e a defesa, ao menos abstrata, de relações sociais novas, pautadas pela democracia e pela universalização dos direitos, no Brasil o "novo" se funde com o velho (colonial) engendrando o nascimento apodrecido de uma economia débil e ideologias retrógradas, presas ao passado colonial – mas, sobretudo, uma política que oscila entre a autocracia institucionalizada e o bonapartismo. Algumas décadas antes, Fanon, no capítulo "Desventuras da consciência nacional", em *Os condenados da terra*, cit., chegava às mesmas conclusões ao caracterizar o capitalismo e a burguesia nacional criada em função das necessidades da metrópole.

> intervenções diretas e frequentes, mantêm contato com o colonizado e o aconselham, valendo-se de coronhadas ou bombas de napalm, a ficar quieto. Vê-se que o intermediário do poder usa uma linguagem de pura violência. O intermediário não alivia a opressão, não encobre a dominação. Ele as exibe e manifesta com a consciência tranquila das forças de segurança. O intermediário leva a violência para dentro das casas e do cérebro do colonizado.[64]

A reciprocidade, a empatia, a solidariedade, ou a sororidade – mesmo que permeada por lutas, desigualdades e dominações – só é possível entre *sujeitos* de uma mesma espécie. Por essa razão, para ele, não apenas a dialética hegeliana ou o marxismo precisariam ser distendidos, mas toda a filosofia política e a sociologia, que analisam o poder e a dominação na sociedade moderna de forma a equacionar a sua vinculação umbilical com os estranhamentos coloniais.

A negação da negação colonial

O diagnóstico fanoniano da interdição do reconhecimento foi recebido com entusiasmo por seus tradutores mais recentes, muitos dos quais comprometidos com a crítica ao sujeito moderno e à identidade, em especial os pensadores ligados direta ou indiretamente à chamada *filosofia da diferença*[65]. A objeção de Fanon, vista isoladamente, colocaria

[64] Frantz Fanon, *Os condenados da terra*, cit., p. 34.

[65] A filosofia da diferença compreende um conjunto vasto e heterogêneo de pensadores em torno da crítica à identidade, estrutura, metanarrativa ao sujeito moderno, tal como defendido pelo humanismo ocidental: Michael Peters, *Pós-estruturalismo e filosofia da diferença: uma introdução* (trad. Tomaz Tadeu da Silva, Belo Horizonte, Autêntica, 2000); François Dosse, *História do estruturalismo* (trad. Álvaro Cabral, São Paulo, Ensaio, 1993); Luc Ferry e Alain Renaut, *Pensamento 68: ensaio sobre o anti-humanismo contemporâneo*

em xeque tanto as abordagens teóricas propositoras de uma práxis política emancipatória quanto as abordagens liberais, mobilizadas em torno de um reconhecimento da diversidade cultural ou de critérios mais equitativos de distribuição dos recursos no interior da sociedade capitalista[66]. No entanto, quando se aplica ao próprio pensamento de Fanon a sua máxima, segundo a qual toda questão social e teórica deve ser equacionada em seu tempo[67], percebe-se que a constatação da já mencionada

---

(trad. Roberto Markenson e Nelci do Nascimento Gonçalves, São Paulo, Ensaio, 1988). Alguns herdeiros dessa tradição são o chamado pensamento pós-colonial, a teoria *queer* e a esquizoanálise, para a qual Fanon é tido como referencial teórico fundamental. Homi Bhabha, "Day by Day... with Frantz Fanon", em Alan Read, *The Fact of Blackness: Frantz Fanon and Visual Representation* (Seattle/Londres, Bay/Institute of Contemporary Arts, 1996) chega a eleger o psiquiatra martinicano como inaugurador da prerrogativa pós-colonial, e Guillaume Sibertin-Blanc, "A virada descolonial da psicose: Frantz Fanon, inventor da esquizoanálise", *Revista Cult*, dez. 2015 atribui a ele a invenção da esquizoanálise. Judith Butler, *Deshacer el género* (trad. Patrícia Soley-Beltran, Barcelona/Buenos Aires/Cidade do México, Paidós, 2006), por sua vez, embora identifique em Hegel a articulação entre reconhecimento e desejo, retoma a constatação fanoniana da interdição do reconhecimento para criticar a noção moderna de identidade presente na categoria "humano".

66 Para uma sistematização mais elaborada das diversas concepções de justiça que permeiam o debate contemporâneo, ver Nancy Fraser, "Da redistribuição ao reconhecimento? Dilemas da justiça na era pós-socialista", em Jessé Souza (org.), *Democracia hoje: novos desafios para a teoria democrática contemporânea* (Brasília, Editora da UnB, 2001); e idem, "Redistribuição ou reconhecimento? Classe e *status* na sociedade contemporânea", *Interseções*, UERJ, ano 4, n. 1, jan.-jun. 2002, p. 7-32.

67 Como expressou o autor: "A arquitetura do presente trabalho situa-se na temporalidade. Todo problema humano exige ser considerado a partir do tempo. O ideal seria que o presente sempre servisse para construir o futuro. E esse futuro não é o do cosmos, mas sim o do

interdição não esgota o seu argumento; pelo contrário, ele ganha novos contornos diante das aberturas postas pela conjuntura futura.

Em 1951, quando escreveu seu primeiro livro, Fanon já havia argumentado que a superação dos estranhamentos ali diagnosticados dependeria de uma "reestruturação do mundo"[68]. Para "abalar as carcomidas fundações do edifício"[69], argumentava, essa reestruturação se efetivaria a partir da luta pela transformação radical das condições sociais concretas, levando a termo a sociedade colonial. Essa abordagem, como sugere Renato Ortiz em seu artigo pioneiro, é fruto de uma apropriação de Hegel e Marx pelos pensadores franceses – com destaque para Kojève e Hyppolite – que marcaram a formação de Fanon:

> Entre 1939 e 1941 é completada [na França] a tradução da *Fenomenologia do Espírito*, e em 1946 são publicados os comentários de Hyppolite e Kojève sobre o sistema hegeliano. Difunde-se, a partir de então, uma interpretação humanista do idealismo, sublinhando no texto hegeliano a problemática do senhor e do escravo. Ao mesmo tempo, tornam-se conhecidos na França os *Manuscritos [econômico-filosóficos] de [18]44*, nos quais Marx compreende o processo de libertação do homem através do conceito hegeliano de alienação. Ao marxismo ortodoxo, representado pelo Partido Comunista Francês, contrapõe-se assim um marxismo humanista, muitas vezes reinterpretado pelas tradições católica e existencialista que buscam em Marx e Hegel uma fonte de inspiração. Fanon será profundamente influenciado por esta corrente intelectual. Em diversos escritos

meu século, do meu país, da minha existência. [...] Pertenço irredutivelmente à minha época"; Frantz Fanon, *Pele negra, máscaras brancas*, cit., p. 27.

[68] Ibidem, p. 95.

[69] Ibidem, p. 25.

irá identificar a relação entre branco/negro, colonizador/colonizado à dialética do senhor e do escravo. Neste sentido, a libertação do homem é compreendida como um processo de desalienação, isto é, como uma superação de termos que se excluem. Seu entendimento do papel da violência nas sociedades em boa parte se fundamenta numa leitura "kojeviana" do texto hegeliano, pois ela é o meio através do qual a liberdade dos indivíduos se realizaria.[70]

No início da década de 1950, contudo, a "reestruturação" do mundo almejada em *PNMB* ainda não se apresentava como possibilidade histórica concreta[71]. Por isso, lamentou o jovem Fanon: "A explosão não ocorrerá hoje. É muito cedo... ou tarde demais"[72]. No entanto, os acontecimentos sociais e políticos foram decisivos para a reflexão teórica do autor ao lhe apontarem a possibilidade efetiva de os últimos serem os primeiros[73].

70 Renato Ortiz, "Frantz Fanon: um itinerário político e intelectual", *Ideias*, Campinas, v. 2, n. 1, 1995, p. 8.

71 Deivison M. Faustino, *Frantz Fanon: um revolucionário, particularmente negro* (1. ed., São Paulo, Ciclo Contínuo, 2018).

72 Frantz Fanon, *Pele negra, máscaras brancas*, cit., p. 21 .

73 Destacam-se a realização do Congresso de Manchester, em 1945, e a volta de Kwame Nkrumah a Gana, apelando à revolução nacional como único caminho viável para a independência. A independência dos países asiáticos no pós-guerra e a conquista da independência da Líbia (1951) resultarão, a partir de 1956 – época em que Fanon já vivia em Blida, na Argélia, como médico-chefe de um hospital psiquiátrico –, na chamada avalanche negra, a partir da independência do Sudão, do Marrocos e da Tunísia, em 1956; da independência de Gana, em 1957; e da Guiné, em 1958, seguidas pelas de Camarões, Somália, República do Congo, Senegal e Togo, em 1960, entre outras. Ver, nesse sentido, Deivison M. Faustino, *Frantz Fanon*, cit., e "Introductory Notes on 'Africana Philosophy' and Lewis Gordon's Postcolonial Humanism", *Entreletras*, v. 9, n. 1, jan.-jun. 2018, p. 46-65.

As lutas de libertação protagonizadas pelos povos africanos a partir de meados da década de 1950 – em que se inclui a da Argélia, que Fanon habitava nesse momento[74] – descortinaram para ele as possibilidades de superação, tanto do racismo como da *exploração do homem pelo homem* em geral, inaugurando assim um novo tempo histórico. Nos textos que o martinicano escreve a partir de então, a práxis revolucionária teria o poder de *negar* o estatuto colonial em todas as suas dimensões, restituindo a esse *outro* reificado a sua posição de sujeito, ascendendo, assim, de objeto *inessencial* a um "novo homem", como se pode constatar em artigo no qual comenta a Revolução Argelina:

> De fato, a Revolução Argelina restitui à existência nacional os seus direitos. De fato, é testemunho da vontade do povo. Mas o interesse e o valor da nossa Revolução residem na mensagem de que é portadora. [...] A Revolução Argelina, propondo-se a libertação do território nacional, visa não só à morte deste conjunto, como à elaboração de uma sociedade nova. A independência da Argélia não é apenas o fim do colonialismo, mas o desaparecimento, nesta parte do mundo, de um gérmen de gangrena e de uma fonte de epidemia. A libertação do território nacional argelino é uma derrota para o racismo e para a exploração do homem; inaugura o reino incondicional da justiça.[75]

Em outro texto, escrito dois anos mais tarde, quando o colonialismo francês já dava sinal de esgotamento e algumas mudanças promovidas pela luta de libertação na Argélia já podiam ser vistas, ele insiste:

---

[74] Deivison M. Faustino, *Frantz Fanon*, cit.

[75] Artigo publicado no jornal *El Moudjahid*, n. 10, set. 1957. Disponível também em Frantz Fanon, "Pour la révolution africaine (écrits politiques)", cit., p. 72.

> Nós desejamos poder mostrar, com este primeiro estudo, que sobre a terra argelina nasceu uma nova sociedade. Hoje, os homens e mulheres da Argélia não se parecem com os de 1930, os de 1954, os de 1957. A velha Argélia está morta. [...] A nação argelina não se situa no futuro. [...] Está situada exatamente no centro de um novo homem argelino. Há uma nova natureza do homem argelino, uma nova dimensão de sua existência. A tese que afirma que os homens se transformam no exato momento em que modificam o mundo nunca foi tão evidente como o é agora na Argélia. [...] Na Argélia, assistimos à reposição do homem.[76]

A esse respeito, quando se tem a dialética do senhor e do servo em foco, a comparação entre Fanon e Nietzsche, mas também com o próprio Hegel (em seu silêncio sobre a Revolução Haitiana), pode ser reveladora. Timothy Brennan[77] lembra que Nietzsche repudiava a dialética socrática, justamente porque ela pressupunha a chance de as classes baixas ascenderem ao centro do cenário político[78], enquanto Fanon, ao contrário, clamava por ela

---

76 Frantz Fanon, *Sociologia de una revolución* (3. ed., trad. V. Flores Olea, Cidade do México, Ediciones ERA, 1976), p. 14-6, tradução livre.

77 Timothy Brennan, "Apuestas Subalternas", *New Left Review*, v. 89, nov./dez. 2014.

78 O trecho mencionado consta na famosa crítica de Friedrich Nietzsche à razão socrática, vista por ele como representante sintomática de uma cultura adoecida, não apenas por apostar na razão como pressuposto humano, mas porque a razão, segundo constata, abre a possibilidade de as plebes (a classe trabalhadora, no caso intraeuropeu, ou, pior que isso, as colônias) ascenderem ao "topo", destronando, portanto, a aristocracia imperialista da qual ele fazia parte. Como afirma o filósofo germânico: "Com Sócrates, o paladar grego transforma-se *em favor da dialética*: o que acontece aí propriamente? Acima de tudo é um *gosto nobre que cai por terra. A plebe ascende com a dialética.* Antes de Sócrates, recusavam-se as maneiras dialéticas na boa sociedade: elas valiam como más

como possibilidade e necessidade de emancipação. Ocorre que, para Fanon, essa possibilidade se abrira com a eclosão dos movimentos de libertação em todo o chamado Terceiro Mundo; diante dela, portanto, não hesitou em apostar todas as suas fichas, a partir do engajamento, enquanto intelectual orgânico, nas fileiras da Frente de Libertação Nacional da Argélia[79].

Em um caminho semelhante ao de Brennan, Judith Rollins e Ato Sekyi-Otu[80] argumentam que a diferença central entre Hegel e Fanon é que o último se afasta da interpretação especulativa da dialética para se aproximar de um humanismo radical, que se efetiva a partir da práxis revolucionária. A práxis, em Fanon, é o momento em que a "*coisa colonizada* torna-se *homem* no próprio processo através do qual ele se liberta"[81], pois, de um lado, atua para dissolver objetivamente os *contrários aristotélicos* que se fazem socialmente presentes na política, na economia e mesmo na cultura, e, por outro lado, favorece ao colonizado em luta a emergência de novas possibilidades de

---

maneiras, elas eram comprometedoras. Se advertia a juventude contra elas. Também se desconfiava de todo aquele que apresentava suas razões de um tal modo. As coisas honestas, tal como as pessoas honestas, não servem suas razões assim com as mãos. É indecoroso mostrar os cinco dedos. O que precisa ser inicialmente provado tem pouco valor. Onde quer que a autoridade ainda pertença aos bons costumes, onde quer que não se 'fundamente', mas sim ordene, o dialético aparece como uma espécie de palhaço: ri-se dele, mas não se o leva a sério. Sócrates foi o palhaço que se fez levar a sério"; Friedrich Nietzsche, *Crepúsculo dos ídolos* (trad. Marco Antonio Casa Nova, Rio de Janeiro, Relume Dumará, 2000), p. 7, grifos nossos.

79 Deivison M. Faustino, *Frantz Fanon*, cit., e "Introductory Notes on 'Africana Philosophy' and Lewis Gordon's Postcolonial Humanism", cit.

80 Judith Rollins, "And the Last Shall Be First", cit., e Ato Sekyi-Otu, *Fanon's Dialectic of Experience*, cit.

81 Frantz Fanon, *Os condenados da terra*, cit., p. 33, grifos nossos.

percepção do mundo e, consequentemente, de si próprio[82]. Em suas palavras:

> Em qualquer nível que a estudemos – encontros interindividuais, novas denominações dos clubes esportivos, composição humana das *cocktail-parties* [festas], da polícia, dos conselhos de administração dos bancos nacionais ou privados –, a descolonização é simplesmente *a substituição de uma "espécie" de homens por outra "espécie" de homens.* Sem transição, há substituição total, completa, absoluta.[83]

Pode-se concordar parcialmente, portanto, com Homi Bhabha quando afirma que os "delírios humanistas"[84] de Fanon não se concretizaram nos desdobramentos posteriores das lutas de independência no continente africano, uma vez que a violência anticolonial defendida por ele desdobrou-se em ditaduras corruptas e genocídios fratricidas. No entanto, é importante lembrar que o próprio Fanon já havia alertado, em *Os condenados da terra*, que a independência política, realizada sob a manutenção da estrutura econômica colonial, dificultava uma saída verdadeiramente independente e resultaria em novas formas de colonialismo. Não se pode negar que os caminhos teocráticos e ditatoriais da Argélia pós-independência, o genocídio em Ruanda, a guerra civil em Angola, o surgimento do Boko Haram e do Daesh evidenciam os arriscados limites de um nativismo identitário. No entanto, a leitura de *Os condenados da terra* para além do primeiro capítulo[85] e,

---

[82] Deivison M. Faustino, "Introductory Notes on 'Africana Philosophy' and Lewis Gordon's Postcolonial Humanism", cit.

[83] Frantz Fanon, *Os condenados da terra*, cit., p. 31, grifos nossos.

[84] Homi Bhabha, *O local da cultura* (trad. Myriam Ávila, Eliana Lourenço de Lima Reis e Gláucia Renate Gonçalves, Belo Horizonte, Editora da UFMG, 1998).

[85] Ver, nesse caso, o capítulo "Grandezas e fraquezas da espontaneidade", de *Os condenados da terra*, cit., no qual Fanon alerta para os

sobretudo, com um olhar que transcenda as dimensões psicoafetivas do desejo, como propõe Bhabha, permite sugerir que justamente a derrota do humanismo e suas aspirações universais concretas, no seio dessas experiências, foi o que impediu que elas superassem a dimensão particular à qual foram relegadas e não se elevassem, portanto, em direção à uma consciência de si aberta à alteridade, em consonância com aquilo que Fanon denominou "novo-humanismo".

O ponto que se quer destacar aqui é a existência de uma "apropriação crítica"[86], "calibanizada"[87] ou "crioulizada"[88] de Hegel por Fanon ao longo de seus escritos. Matthieu Renault fala, inclusive, de uma apropriação transfigurada em três níveis. Em primeiro lugar, pela tradução de Hegel por Kojève e Hyppolite, na qual a alienação é tomada como metáfora para pensar as contradições sociais e as suas superações. Em segundo lugar, pela leitura que Simone de Beauvoir[89] faz do Hegel de Kojève em *O segundo sexo* e *Por uma moral da ambiguidade*, em que defende tanto a inexistência prévia de uma essência feminina quanto a existência de uma objetificação que impede o reconhecimento das mulheres (o segundo sexo) como seres humanos. A posição de Fanon, segundo Renault, seria o terceiro nível da apropriação, ou, como coloca, uma tradução da

---

limites e contradições implícitos à violência, bem como às noções reificadas de identidade propostas pelo nacionalismo anticolonial.

86 Ato Sekyi-Otu, *Fanon's Dialectic of Experience*, cit., p. 25.

87 Paget Henry, *Caliban's Reason: Introducing Afro-Caribbean Philosophy* (Nova York, Routledge, 2000).

88 Stefan Bird-Pollan, *Hegel, Freud and Fanon*, cit.; Jane A. Gordon, *Creolizing Political Theory: Reading Rousseau through Fanon* (Nova York, Fordham University Press, 2014).

89 Simone de Beauvoir, *Pour une morale de l'ambiguïté* (Paris, Gallimard, 1966), *Le Deuxième Sexe*, v. 1: *Les Faits et les mythes* (Paris, Gallimard, 1976) e *Le Deuxième Sexe*, v. 2: *L'Expérience vécue* (Paris, Gallimard, 1976).

tradução da dialética hegeliana[90]. Essa apropriação ("calibanizada") aponta mais para a efetivação (a seu modo) da dialética do que para a sua recusa. Não fora empreendida isoladamente, mas em meio a um contexto social e a um ambiente teórico no qual não apenas Hegel, mas o próprio marxismo e as suas muitas variantes presentes na metade do século XX foram calibanizados pelos diversos herdeiros da Conferência de Bandung (1955) espalhados pela Ásia e África para as finalidades da luta anticolonial[91].

A sua crítica radicalmente intransigente ao narcisismo branco/ocidental não é, em hipótese alguma, resolvida por um narcisismo invertido[92] que descarta o conhecimento humano-genérico historicamente acumulado apresentado como "branco" pelo colonialismo. É, sim, caracterizada pela recusa da (pseudo)universalidade, em busca da apreensão de uma universidade efetivamente concreta das categorias históricas que permitam desvelar a realidade social. Nesse esforço, curiosamente, Fanon dirige Hegel – ou melhor, a dialética, que não é sua nem europeia, mas uma dimensão do movimento histórico – contra seu conservadorismo burguês e eurocêntrico ao apontar, em primeiro lugar, as particularidades complexas – em sua relação com o complexo de complexos que conforma a sociabilidade do capital – do colonialismo e, em segundo lugar, romper com o conservadorismo burguês que identifica a servidão de classe e a conformação com os limites da sociedade burguesa através do Estado como horizonte máximo de realização do Espírito. A originalidade de

---

90 Matthieu Renault, "Le Genre de la race: Fanon, lecteur de Beauvoir", *Actuel Marx*, v. 1, n. 55, 2014, p. 36-48.

91 Deivison M. Faustino, *Frantz Fanon*, cit.

92 Fanon fala em "duplo narcisismo" para descrever a prisão do branco em sua brancura e do negro em sua negrura; Frantz Fanon, *Pele negra, máscaras brancas*, cit., p. 23.

Fanon em relação a críticas semelhantes, como a de Marx, é a relevância do colonialismo e das lutas anticoloniais para a perspectiva da emancipação humana.

A esta altura, a menção ao Calibã de *A tempestade* – em sua apropriação rebelde da linguagem do senhor para amaldiçoá-lo – é bastante didática para a compreensão do que se denomina aqui *calibanização*. Na trama, escrita por William Shakespeare no início do século XVII, quando o contato dos europeus com outros povos já era marcado por toda sorte de fantasias fantasmagóricas e animalizadoras, a personagem de Próspero assume o papel de colonizador, ao submeter a população local de uma ilha "deserta" representada unicamente pelo "monstruoso" Calibã, filho de uma bruxa africana (argelina).

Em uma metáfora que pode ser associada ao desafio dos intelectuais colonizados diante do repertório teórico – inclusive crítico – produzido na Europa colonial[93], Calibã, que até então vivia isolado na ilha, aprenderá a falar a partir das palavras que Próspero lhe proferir, e é só a partir do momento em que *interiorizar* como sua essa linguagem, em geral empregada para inferiorizá-lo, que será autorizado a falar. Ocorre que, na trama shakespeariana, em uma *performance* que antecipa em alguns séculos o célebre prefácio de Sartre à *Anthologie de la nouvelle poésie nègre et malgache* [Antologia da nova poesia negra e malgaxe], de Léopold Senghor[94], Calibã aprende a falar a língua europeia, mas a usa para amaldiçoar o seu colonizador, retirando-o de seu patamar pseudodivino (teodiceia) para

---

93 Paget Henry, *Caliban's Reason*, cit.

94 "O que esperáveis que acontecesse, quando tirastes a mordaça que tapava estas bocas negras? Que vos entoaram louvores? Estas cabeças que nossos pais haviam dobrado pela força até o chão, pensáveis, quando se erguessem, que leríeis a adoração em seus olhos?"; Jean-Paul Sartre, "Orfeu negro", em *Reflexões sobre o racismo* (trad. J. Guinsburg, São Paulo, Difel, 1960), p. 105.

aclamá-lo ou refutá-lo à medida que contribui ou não para a superação dos estranhamentos sociais existentes.

Só assim, para Fanon, a descolonização radical, como *terapia revolucionária*[95] do ser, do poder e do saber, teria a função catártica de elevar a "certeza subjetiva que tenho do meu próprio valor" a "verdade objetiva universalmente válida"[96] da humanidade genérica do negro (e outros grupos historicamente subsumidos). Com isso, seria superado o *duplo narcisismo*[97] que compõe o estranhamento colonial ao libertar tanto o negro de sua negrura quanto o branco de sua brancura. Essa superação, no entanto, não se alcançaria nem pelo ignorar das particularidades estranhadas da sociedade colonial, nem pela mera afirmação inocente ou negação essencializada de uma universalidade abstrata, mas por uma práxis dialética (e humanista) que permita a afirmação das particularidades negadas, enquanto *negação da negação* que se afirma diante de pseudouniversalizações castradoras, mas não deixe de se negar – sobre o mesmo processo pelo qual se afirma – a própria condição de particularidade à qual foi subsumida, em direção ao reencontro com a universalidade concreta do gênero humano. Emancipação esta incerta, mas possível, não apenas através da superação do colonialismo, mas de todo o complexo de complexos que conforma a sociabilidade do capital.

Referências

ALESSANDRINI, Anthony. *Frantz Fanon and the Future of Cultural Politics*: Finding Something Different. Lanham, Lexington Books, 2014.

ARENDT, Hannah. *A condição humana*. Trad. Roberto Raposo, Rio de Janeiro, Forense Universitária, 2014.

95 Lewis Gordon, *What Fanon Said*, cit.

96 Frantz Fanon, *Pele negra, máscaras brancas*, cit., p. 228.

97 Ibidem, p. 27.

ARISTÓTELES. *Política*. Trad. António Campelo Amaral e Carlos de Carvalho Gomes, Lisboa, Vega, 1998.

BEAUVOIR, Simone de. *Pour une morale de l'ambiguïté*. Paris, Gallimard, 1966.

______. *Le Deuxième Sexe*, v. 1: *Les Faits et les mythes*. Paris, Gallimard, 1976.

______. *Le Deuxième Sexe*, v. 2: *L'Expérience vécue*. Paris, Gallimard, 1976.

BHABHA, Homi. Day by Day... with Frantz Fanon. In: READ, Alan (org.). *The Fact of Blackness*: Frantz Fanon and Visual Representation. Seattle/Londres, Bay/Institute of Contemporary Arts, 1996, p. 186-205.

______. *O local da cultura*. Trad. Myriam Ávila, Eliana Lourenço de Lima Reis e Gláucia Renate Gonçalves, Belo Horizonte, Editora da UFMG, 1998.

BIRD-POLLAN, Stefan. *Hegel, Freud and Fanon*: The Dialectic of Emancipation. Londres/Nova York, Rowman & Littlefield International, 2015.

BRENNAN, Timothy. Apuestas Subalternas. *New Left Review*, v. 89, nov./dez. 2014.

BUCK-MORSS, Susan. Hegel and Haiti. *Critical Inquiry*, v. 26, n. 4, 2000, p. 821-65.

______. *Hegel, Haiti and Universal History*. Pittsburgh, University of Pisttsburgh Press, 2009.

BUTLER, Judith. *Deshacer el género*. Trad. Patrícia Soley-Beltran, Barcelona/Buenos Aires/Cidade do México, Paidós, 2006.

CHASIN, José. *A miséria brasileira, 1964-1994*: do golpe militar à crise social. Santo André, Estudos e Edições Ad Hominem, 2000.

CHOW, Rey. Female Sexual Agency, Miscegenation, and the Formation of Community in Frantz Fanon. In: ALESSANDRINI, Anthony (org.). *Frantz Fanon*: Critical Perspectives. Londres, Routledge, 1999.

CROWELL, J. Marxism and Frantz Fanon's Theory of Colonial Identity: Parallels between Racial and Commodity-Based Fetishism. *Scientific Terrapin*, 2011.

DOSSE, François. *História do estruturalismo*. Trad. Álvaro Cabral, São Paulo, Ensaio, 1993.

DU BOIS, W. E. B. *As almas da gente negra*. Trad. Heloisa Toller Gomes, Rio de Janeiro, Lacerda, 1999.

DUNAYEVSKAYA, Raya. *Philosophy and Revolution*: *From Hegel to Sartre, and from Marx to Mao*. Detroit, News and Letters, 1989.

ELLISON, Ralph. *Homem invisível*. Trad. Maria Serra, São Paulo, Marco Zero, 1990.

FANON, Frantz. *Peau noire, masques blancs*. Paris, Éditions du Seuil, 1952.

______. Pour la révolution africaine (écrits politiques). *Cahiers Libres*, n. 53-4. Paris, François Maspero, 1964.

______. *Les Damnés de la terre*. Paris, Maspero, 1968.

______. *Sociologie d'une révolution*: L'an V de la Revólution Algerienne. Paris, François Maspero, 1968.

______. *Pele negra, máscaras brancas*. Trad. Sebastião Nascimento e Raquel Camargo, Ubu, 2020.

______. *Os condenados da terra*. Trad. Ligia Fonseca Ferreira e Regina Salgado Campos, Rio de Janeiro, Zahar, 2022.

FAUSTINO, Deivison M. A emoção é negra e a razão é helênica? Considerações fanonianas sobre a (des)universalização do "ser negro". *Revista Tecnologia e Sociedade* (on-line), v. 1, n. 18, 2013, p. 121-36.

______. *"Por que Fanon, por que agora?"*: Frantz Fanon e os fanonismos no Brasil. Doutorado em sociologia, São Carlos, PPGS-UFSCar, 2015.

______. *Frantz Fanon*: um revolucionário, particularmente negro. 1. ed., São Paulo, Ciclo Contínuo, 2018.

______. Frantz Fanon: capitalismo, racismo e a sociogênese do colonialismo. *Revista SER Social*, v. 20, n. 42, jan.-jun. 2018, p. 148-63.

______. Introductory Notes on "Africana Philosophy" and Lewis Gordon's Postcolonial Humanism. *Entreletras*, v. 9, n. 1, jan.-jun. 2018, p. 46-65.

______. Sartre, Fanon e a dialética da negritude: diálogos abertos e ainda pertinentes. *Anais do II Colóquio Internacional sobre Sartre*: Interseccionalidades na compreensão do sujeito contemporâneo. Maringá, Universidade Estadual de Maringá, 30 set.-2 out. 2019.

FERRY, Luc; RENAUT, Alain. *Pensamento 68*: ensaio sobre o anti-humanismo contemporâneo. Trad. Roberto Markenson e Nelci do Nascimento Gonçalves, São Paulo, Ensaio, 1988.

FOUCAULT, Michel. *Em defesa da sociedade*. Trad. Maria Ermantina Galvão, São Paulo, Martins Fontes, 2005.

______. *Microfísica do poder*. Org. e trad. Roberto Machado, Rio de Janeiro, Graal, 2006.

FRASER, Nancy. Da redistribuição ao reconhecimento? Dilemas da justiça na era pós-socialista. In: SOUZA, Jessé (org.). *Democracia hoje*: novos desafios para a teoria democrática contemporânea. Brasília, Editora da UnB, 2001.

______. Redistribuição ou reconhecimento? Classe e *status* na sociedade contemporânea. *Interseções*: Revista de Estudos Interdisciplinares, UERJ, ano 4, n. 1, jan.-jun. 2002, p. 7-32.

FUSS, Diana. Interior Colonies: Frantz Fanon and the Politics of Identification. *Diacritics*, v. 24, n. 2-3, 1994, p. 20-42.

GABRIEL, Nilson Lucas Dias. *A liberdade em Frantz Fanon*: a existência aos olhos dos condenados. Guarapuava, Apolodoro Virtual, 2021, digital.

GIBSON, Nigel. Is Fanon Relevant? Toward an Alternative Foreword to "The Damned of the Earth". *Human Architecture*: Journal of the Sociology of Self-Knowledge, v. 5, n. 3, 2007.

GORDON, Jane A. Revolutionary in Counter-Revolutionary Times: Elaborating Fanonian National Consciousness into the Twenty--First Century. *Journal of French and Francophone Philosophy*: Revue de la philosophie française et de langue française, v. 19, n. 1, 2011, p. 37-47.

______. *Creolizing Political Theory*: Reading Rousseau through Fanon. Nova York, Fordham University Press, 2014.

GORDON, Lewis. Through the Zone of Nonbeing: A Reading of *Black Skin, White Masks* in Celebration of Fanon's Eightieth Birthday. *The C. L. R. James Journal*, v. 11, n. 1, 2005.

______. Is the Human a Teleological Suspension of Man? Phenomenological Exploration of Sylvia Wynter's Fanonian and Biodicean Reflections. In: BOGUES, Anthony (org.). *After Man, towards the Human*: Critical Essays on Sylvia Wynter. Kingston, Ian Randle Publishers, 2006, p. 237-57.

______. *What Fanon Said*: A Philosophical Introduction to His Life and Thought. Joanesburgo, Wits University Press, 2015.

HALL, Stuart. The Afterlife of Frantz Fanon: Why Fanon? Why Now? Why *Black Skin, White Masks*? In: READ, Alan (org.). *The Fact of Blackness*: Frantz Fanon and Visual Representation. Seattle/Londres, Bay/Institute of Contemporary Arts, 1996, p. 12-37.

HARVEY, David. A violência nas ruas e o fim do capital. In: *17 contradições e o fim do capitalismo*. Trad. Rogério Bettoni, São Paulo, Boitempo, 2016.

HEGEL, Georg Wilhelm Friedrich. *La Phénoménologie de l'Esprit*, v. 1. Trad. Jean Hyppolite, Paris, 1937.

______. Hegel à Niethammer, Le lundi 13 octobre 1806. In: *Correspondance*, v. 1. Trad. Jean Carrère, Paris, Gallimard, 1990, p. 115.

______. *Fenomenologia do Espírito*. 4. ed., trad. Paulo Meneses, Karl-Heinz Efken, José Nogueira Machado, Petrópolis, Vozes, 1999.

______. *Filosofia da história*. 2. ed., trad. Maria Rodrigues e Hans Harden, Brasília, Editora da UnB, 2008.

______. *Phänomenologie des geistes*. Hamburgo, Felix Meiner, 2011.

HENRY, Paget. *Caliban's Reason*: Introducing Afro-Caribbean Philosophy. Nova York, Routledge, 2000.

HONNETH, Axel. *Luta por reconhecimento*: a gramática moral dos conflitos sociais. Trad. Luiz Repa, São Paulo, Editora 34, 2003.

HOOKS, bell. Feminism as a Persistent Critique of History: What's Love Got to Do with It? In: READ, Alan (org.). *The Fact of Blackness*: Frantz Fanon and Visual Representation. Seattle/Londres, Bay/Institute of Contemporary Arts, 1996, p. 76-85.

HYPPOLITE, Jean. *Gênese e estrutura da* Fenomenologia do Espírito *de Hegel*. Trad. Silvio Rosa Filho et al., São Paulo, Discurso Editorial, 2003.

JOÃO. In: *A Bíblia*: tradução ecumênica. São Paulo, Paulinas, 2002.

LUKÁCS, György. *Para uma ontologia do ser social*, v. 1. Trad. Carlos Nelson Coutinho, Mario Duayer e Nélio Schneider, São Paulo, Boitempo, 2012.

______. *Para uma ontologia do ser social*, v. 2. Trad. Nélio Schneider, Ivo Tonet e Ronaldo Vielmi Fortes, São Paulo, Boitempo, 2013.

MARX, Karl. *Crítica da filosofia do direito de Hegel*. Trad. Rubens Enderle e Leonardo de Deus, São Paulo, Boitempo, 2010.

______. *Manuscritos econômico-filosóficos*. Trad. Jesus Ranieri, São Paulo, Boitempo, 2010.

MBEMBE, Achille. *Crítica da razao negra*. Trad. Sebastião Nascimento, São Paulo, n-1, 2018.

______. *Necropolítica*: biopoder, soberania, estado de exceção, política da morte. 3. ed., trad. Renata Santini, São Paulo, n-1, 2018.

MÉSZÁROS, István. *Filosofia, ideologia e ciência social*: ensaios de negação e afirmação. Trad. Ester Vaisman, São Paulo, Boitempo, 2008.

NIETZSCHE, Friedrich. *Crepúsculo dos ídolos*: (ou como filosofar com o martelo). Trad. Marco Antonio Casa Nova, Rio de Janeiro, Relume Dumará, 2000.

ORTIZ, Renato. Frantz Fanon: um itinerário político e intelectual. *Ideias*, Campinas, v. 2, n. 1, 1995, p. 5-28.

PETERS, Michael. *Pós-estruturalismo e filosofia da diferença*: uma introdução. Trad. Tomaz Tadeu da Silva, Belo Horizonte, Autêntica, 2000.

RABAKA, Reiland. *Forms of Fanonism*: Frantz Fanon's Critical Theory and the Dialectics of Decolonization. Lanham, Lexington, 2011.

RENAULT, Matthieu. Le Genre de la race: Fanon, lecteur de Beauvoir. *Actuel Marx*, v. 1, n. 55, 2014, p. 36-48.

ROLLINS, Judith. "And the Last Shall Be First": The Master-Slave Dialectic in Hegel, Nietzsche and Fanon. *Human Architecture*: Journal of the Sociology of Self-Knowledge, v. 5, n. 3, 2007.

SARTRE, Jean-Paul. Orfeu negro. In: *Reflexões sobre o racismo*. Trad. J. Guinsburg, São Paulo, Difel, 1960.

SEKYI-OTU, Ato. *Fanon's Dialectic of Experience*. Cambridge, Harvard University Press, 1996.

SHAKESPEARE, William. *The Tempest*. Orgs. Barbara A. Mowat e Paul Werstine. Nova York, Simon & Schuster Paperbacks, 2009.

SHARPLEY-WHITING, Tracy Denean. *Frantz Fanon*: Conflicts and Feminisms. Washington, Rowman & Littlefield, 1997.

SIBERTIN-BLANC, Guillaume. A virada descolonial da psicose: Frantz Fanon, inventor da esquizoanálise. *Revista Cult*, dez. 2015. Disponível em: <https://revistacult.uol.com.br/home/virada-descolonial-da-psicose-frantz-fanon-inventor-da-esquizoanalise/>; acesso em: 22 fev. 2020.

SPIVAK, Gayatri C. Can the Subaltern Speak? In: NELSON, Cary; GROSSBERG, Lawrence (orgs.). *Marxism and the Interpretation of Culture*. Londres, Macmillan, 1988, p. 271-313.

TAYLOR, Charles. *El multiculturalismo y "la política del reconocimiento"*: ensayo de Charles Taylor. Trad. Mónica Utrilla de Neira, Liliana Andrade Llanas e Gerard Vila Roca, Cidade do México, Fondo de Cultura Económica, 1993.

______. *Hegel e a sociedade moderna*. Trad. Luciana Pudenzi, São Paulo, Loyola, 2005.

TROUILLOT, Michel-Rolph. *Silencing the Past*: Power and the Production of History. Boston, Beacon, 1995.

VAISMAN, Ester. A obra tardia de Lukács e os revezes de seu itinerário intelectual. *Trans/Form/Ação* (on-line), v. 30, n. 2, 2007, p. 247--59. Disponível em: <http://www.scielo.br/scielo.php?script=sci_arttext&pid=S0101-31732007000200016&lng=en&nrm=iso>; acesso em: 8 abr. 2025.

VAZ, Henrique Lima. Senhor e escravo: uma parábola da filosofia ocidental. *Revista Síntese Nova Fase*. Belo Horizonte, n. 21, jan./abr., 1981.

YOUNG, Lola. Missing Persons: Fantasising Black Women in *Black Skin, White Masks*. In: READ, Alan (org.). *The Fact of Blackness*: Frantz Fanon and Visual Representation. Seattle/Londres, Bay/ Institute of Contemporary Arts, 1996, p. 86-101.

ŽIŽEK, Slavoj. *Primeiro como tragédia, depois como farsa*. Trad. Maria Beatriz de Medina, São Paulo, Boitempo, 2011.

______. *Menos que nada*: Hegel e a sombra do materialismo dialético. Trad. Rogério Bettoni, São Paulo, Boitempo, 2013.

3.

Tortura e configuração colonialista: uma leitura fanoniana do livro *Tortura na colônia de Moçambique, 1963-1974*

Muryatan S. Barbosa

Sobre Fanon e o livro em análise

Este ensaio traz uma análise "fanoniana" do livro *Tortura na colônia de Moçambique, 1963-1974*, publicado em 1977 pela editora Afrontamento (Portugal). Para isso, preliminarmente, se fazem necessários alguns esclarecimentos sobre dois pontos aí elencados: a) o que significa a análise proposta; b) o que é esse livro e qual o contexto histórico em que ele está inserido.

Nos últimos anos têm proliferado pesquisas acadêmicas que se dizem inspiradas no pensamento de Frantz Fanon. Em relação ao ponto específico do papel da tortura, vale destacar os trabalhos de Manar Hassan, Paul Gilroy, Lou Turner, Saïd Chebili e Azzedine Haddour[1]. Esse fato

---

1 Manar Hassan, "Frantz Fanon's 'Torture Memo': A Reclamation of Identity and Morality. New Preface to *The Wretched of the Earth*", 2008, disponível on-line; Paul Gilroy, "Fanon and Améry: Theory, Torture and the Prospect of Humanism", *Theory, Culture & Society*, v. 27, n. 7-8, dez. 2010, p. 16-32; Lou Turner, "Fanon and the Biopolitics of Torture: Contextualizing Psychological Practices as Tools of War", em Nigel Gibson (org.), *Living Fanon: Global Perspectives* (Nova York, Palgrave Macmillan, 2011); Saïd Chebili, "Fanon et la torture", *L'information psychiatrique*, v. 94,

torna ainda mais necessário qualificar o que se entende aqui por uma análise "fanoniana".

Fanon tratou do problema específico da tortura em dois momentos principais. O primeiro foi no ensaio "Argélia face a face com os torturadores franceses", originalmente publicado no jornal *El Moudjahid* em setembro de 1957 e posteriormente republicado no livro póstumo *Por uma revolução africana*, de 1964. O segundo momento foi no capítulo final de *Os condenados da terra*, de 1961, sob o título: "Guerra colonial e distúrbios mentais". Seguramente a parte menos lida e conhecida desse livro célebre.

O primeiro ensaio é essencial para entender o ponto de vista do autor sobre o assunto. Em 1957, data da publicação, Fanon já havia se integrado à luta de libertação argelina, dirigida pela Frente de Libertação Nacional da Argélia (FLN), da qual era um intelectual orgânico. Como parte de tal integração, ajudava a editar o jornal *El Moudjahid*, na Tunísia. Entretanto, vale dizer, o que estava ali colocado sobre a questão da tortura na guerra colonial argelina, iniciada em 1954, não era mero reflexo de sua aproximação ideológica a essa causa. Entre 1953 e 1956, como médico psiquiatra que era, Fanon trabalhou em diversas instituições e hospitais na Argélia, tratando de muitos pacientes que haviam passado pela tortura, tanto como torturadores, quanto como torturados. Ele tinha, portanto, experiência profissional e vivencial sobre o assunto, e foi nela que se baseou para escrever suas notas.

Nesse ensaio, Fanon defende que a tortura, longe de ser uma exceção, era a regra de uma estrutura ou configuração colonialista, estruturada pela dominação policial, pelo racismo sistemático e por um processo de desumanização racionalmente perseguido. Em suas palavras:

---

n. 4, 2018, p. 281-5; Azzedine Haddour, *Frantz Fanon: Gender, Torture and the Biopolitics of Colonialism* (Londres, Pluto, 2022).

> As práticas verdadeiramente monstruosas que surgiram desde 1º de novembro de 1954 surpreendem principalmente por terem se generalizado... Na verdade, a atitude das tropas francesas na Argélia se situa numa estrutura de dominação policial, racismo sistemático e desumanização realizada de maneira racional. A tortura é inerente ao todo da estrutura colonialista.[2]

Enquanto fenômeno sistêmico, para o autor, a tortura tinha um papel fundamental no colonialismo – forma particular da configuração colonialista (ver primeiro ensaio desta coletânea) – porque este não poderia existir sem a violência contra o colonizado, por danos físicos, violações e massacres.

Fanon tira outros ensinamentos da experiência argelina. Em primeiro lugar, nota que a tortura tornava-se cada vez mais cruel e abjeta conforme a guerra progredia, pois os torturadores, além de trabalharem cada vez mais, viam seus esforços se tornarem vãos com o avanço da luta pela independência nacional. Outro aprendizado é que os franceses, a partir de 1955, vinham tentando padronizar e profissionalizar a tortura na busca de seu objetivo primordial: obter informações úteis da forma mais rápida possível. Desde então, ela ganhou métodos, técnicas, instrumentos e mesmo filosofias novas[3].

Nesse contexto, Fanon aponta dois indivíduos de referência dos torturadores franceses na Argélia: os agentes Lofrédo (superintendente em Argel) e Podevin (da polícia judicial de Blida). Mais tarde veremos a utilidade de apresentar aqui os métodos de tortura empregados por tais indivíduos. O método Lofrédo significava prender o indivíduo, mas não torturá-lo imediatamente. A ideia era

---

[2] Frantz Fanon, *Por uma revolução africana: textos políticos* (trad. Carlos Alberto Medeiros, Rio de Janeiro, Zahar, 2021), p. 107.

[3] Idem, p. 110.

fazer "condicionamento por exemplo". Neste, o preso era obrigado a presenciar a tortura e o assassinato de outros detentos de menor importância para os torturadores. Só depois de presenciar cinco ou seis mortes é que se iniciaria o interrogatório. O método Podevin, segundo Fanon, seria o contrário. Nele, a tortura se iniciava de imediato, de forma cruel e abjeta. Nesse momento não haveria interrogatório, apenas violência; só após cinco ou seis sessões é que, de fato, se iniciariam os interrogatórios[4].

Havia diferenças, portanto, mas também coincidências entre os métodos. Em ambos o interrogatório não começava de imediato. Em ambos o procedimento de interrogatório era parecido, e o interrogador mais ouvia do que falava. A tática visava a não dar "pistas" para as respostas. Ademais, a esperança do torturado era sempre adiada, na medida em que nunca sabia o que seus torturadores realmente queriam que ele dissesse. Com o passar dos anos, diz Fanon, o sistema foi se pervertendo, pois os torturadores acabam se "acostumando" ao meio, passando a matar e violentar sem embasamento em métodos. Nesse estágio, a tortura foi se tornando um fim em si mesmo[5]. Em *Os condenados da terra*, por exemplo, Fanon conta a história de uma jovem francesa, sua paciente, que lhe disse que seus problemas psíquicos eram derivados dos gritos de tortura que ouvia em sua casa na Argélia. Isso porque seu pai havia se tornado o maior torturador da região rural em que morava, e muitas vezes levava "trabalho" para casa. E sob sua responsabilidade, naquela região, matavam-se mais de dez pessoas por dia[6]! É um meio que se torna um fim.

---

4 Ibidem, p. 113.

5 Ibidem, p. 113-4.

6 Frantz Fanon, *Os condenados da terra* (trad. Ligia Ferreira Fonseca e Regina Salgado Campos, Rio de Janeiro, Zahar, 2022), p. 282.

Uma explicação do porquê isso aconteceria aparece Em *Os condenados da terra*, no capítulo já referido, pois ali se tem uma análise psiquiátrica dos torturadores. Diz Fanon que conforme a tortura se torna mais sistêmica e corrente, mais os indivíduos de personalidade sádica se destacam em seu trabalho, pois estes têm prazer em infligir dor ao Outro. Sendo assim, estes tendem a chegar mais rapidamente ao seu objetivo, produzindo um limiar insuportável de sofrimento ao torturado, no qual todos os indivíduos tendem a falar aquilo que se pretende que ele diga, sendo isso a verdade ou não. Essa é a lógica, possibilitada pela certeza da impunidade por ser agente do Estado[7].

Assim resumo a análise "fanoniana" da tortura. Trata-se de um fenômeno comum a toda configuração colonialista, derivado de uma relação entre conquistador e conquistado. É uma prática intrinsecamente sádica e assassina, utilizada como forma de controle social pelos agentes do Estado.

Da Argélia a Moçambique

Não por acaso, boa parte do que Fanon relata sobre a tortura na guerra anticolonial é também indicado pelos editores de *Tortura na colônia de Moçambique*, na introdução (não assinada) ao livro.

A Afrontamento, fundada em 1963, foi uma das editoras mais progressistas da história recente de Portugal, tendo inclusive atuado contra a ditadura salazarista, finda em 1974. Em 1977, quando da publicação do livro referido, a editora estava em seu auge e lançava cerca de trinta títulos por ano, a maioria de conteúdo político. Aí incluindo, por exemplo, textos de Amílcar Cabral (*Textos*

---

7 Ibidem, p. 287.

políticos, 1974) e Samora Machel (*A luta continua*, 1974). Apenas nesse contexto anticolonialista, pós-Revolução dos Cravos, é que se pode imaginar a publicação de um livro como esse.

O livro *Tortura*, segundo seus editores, é "meramente" formado por depoimentos de presos políticos moçambicanos, que haviam sido encarcerados entre 1963 e 1974. Ou seja, no período da guerra colonial entre forças de libertação nacional, lideradas pela Frente de Libertação de Moçambique (Frelimo), e os colonialistas portugueses. Tais depoimentos teriam sido recolhidos por juristas portugueses em viagem a Moçambique, logo após a Revolução dos Cravos, ocorrida em 25 de abril de 1974. A maioria teria sido anotada quando esses presos já haviam sido formalmente libertados, mas aguardavam transporte para sair das cadeias e quartéis em que ficaram enclausurados por muitos anos. Mais especificamente, temos ali 72 depoimentos que perfazem as 113 páginas do livro. Diga-se logo: são depoimentos trágicos. Na maior parte, dados por pessoas simples e aparentemente sem grandes ligações com a Frelimo, embora essas supostas ligações tenham motivado sua acusação, prisão e tortura.

Dito isso, voltemos ao ponto inicial: quais são os paralelos entre a análise fanoniana e aquela que os editores, de forma resumida, trazem em sua introdução aos depoimentos publicados? Em primeiro lugar, para ambos, a tortura deveria ser entendida de forma sistêmica, como parte da ordem colonial – e, por consequência, do maniqueísmo e do racismo daí derivados. Em suas análises também concordam que a guerra colonial mudou a tortura, que passou a ser mais violenta (conforme os combates prosseguiam) e "profissional", com métodos e instrumentos novos. Um e outro destacam, ainda, que era a impunidade que permitia as violências e a matança.

Observemos com mais calma outros elementos dos depoimentos, que nos permitem uma análise comparativa mais apurada e concreta. A maioria das pessoas ouvidas foi presa nas cidades (ou nas redondezas) de Mueda, Lourenço Marques, Mocímboa da Praia e Quelimane[8], em Moçambique. As narrativas são muito parecidas, e aqui se fará um esforço de síntese[9]. Mas uma informação relevante é que as técnicas e métodos de tortura variavam mais de acordo com o local do que com a cronologia.

Segundo os depoimentos, em Mueda, norte de Moçambique, matava-se muito, tanto dentro quanto fora das cadeias e do quartel local. Fora das cadeias, as matanças eram organizadas pela Direção Geral de Segurança (DGS, depois Pide), pelo Exército e pelos "flechas"[10]. Uma prática comum dos flechas era reunir as pessoas em casas e atear fogo nelas. Ir preso era sorte, pois podia-se sobreviver[11]. Segundo um depoente, em 30 de setembro de 1964, por exemplo, houve um mal-entendido que levou à morte de dezenas de pessoas nas aldeias da região. Um sentinela teria atirado sem querer com sua própria arma, o que levou o Exército a abrir fogo contra a população, pois se imaginou que seria um ataque da Frelimo. Após isso, se

---

8 Outras cidades e regiões em que os depoentes contam ter sido torturados ou submetidos a trabalho escravo: Montepuez, Porto Amélia, Ponta Mahone, Manjacaze, Nangade, Nampula.

9 Como os relatos são bem parecidos, decidiu-se por sintetizá-los sem citar depoimentos individuais. Mas estes serão citados quando tratarmos de variações ou particularidades desviantes da maioria dessas narrativas aproximadas.

10 Milícias africanas armadas que trabalhavam a mando da DGS-Pide em Moçambique durante a guerra colonial. Nessa época, espalhavam o terror nas aldeias com a prática de assassinatos, estupros e torturas bárbaras. No livro há relatos detalhados de uma dessas formas de tortura: tratava-se de furar as pessoas com facas, preencher os buracos com pólvora e atear fogo. Ver Mangua, Junissene e Augusto, em *Tortura na colônia de Moçambique, 1963-1974: depoimentos de presos políticos* (Porto, Afrontamento, 1977), p. 123.

11 Vicente, em ibidem, p. 48.

teriam iniciado as torturas mais pesadas nas aldeias, com enforcamentos, pessoas enterradas vivas etc.[12]. Pelo que se pode absorver dos depoimentos, na cadeia de Mueda o número de mortes devia ser enorme. Um preso recorda-se de treze mortos nos poucos dias em que lá esteve[13]. Outro disse que foi preso com outras trinta pessoas, e depois de cinco dias só havia treze delas vivas.

Segundo os depoimentos, muitos desses presos eram queimados vivos. Costumava-se praticar enforcamentos. Em 1964, o administrador da DGS local chamava-se "Fernando". Muitos citam o agente "Alferes Almeida", indivíduo cruel. Havia também o quartel de Mueda, onde o Exército comandava a tortura; ali, o administrador era o "Sabino". A tática deste era deixar os presos em pé por vários dias, sendo espancados. Os interrogatórios seguiam então o "método Lofrédo", em que o depoente era colocado ao lado de pessoas mortas ou quase mortas, para que se sentisse mais disposto a cooperar[14]. Se não o fizesse, ia-se então para as sessões de tortura (com "cavalos-marinhos" e chicotes) e espancamentos. Os depoentes iam e vinham do quartel para a cadeia civil, e vice-versa. A comida era farinha e restos de peixe, com ossos e bichos. As celas eram tão lotadas que não se conseguia abri-las para colocar novos detentos. Pelo que se pode observar dos depoimentos, em Mueda, quem não confessava algo logo acabava sendo morto. E quem dizia ser da Frelimo era morto imediatamente.

Em Lourenço Marques, a situação era igual ou pior. Lá, aparentemente, utilizava-se um modelo mais aproximado ao de Podevin. A tortura era mais disciplinada. A cadeia da DGS chamava-se "Machava", e ficava na

---

[12] Francisco, em ibidem, p. 56-7.

[13] José, em ibidem, p. 69.

[14] Rafael, em ibidem, p. 65.

avenida Pinheiro Chagas[15]. Trabalhavam lá, entre outros, os agentes "Acacio", "Pereira", "Rosa" (mulher), "Rui Raposo", "Oliveira", "Samblano", "Chão", "Carlos Silva", "Freitas", "Aires Moreira", "Lourenço", "Pene", "Ilídio dos Santos", "Tapadinha". O torturador-mor, entretanto, era um tal de "Francisco Langa", o "Chico Feio".

Era auxiliado por "Alberto" e "Tesocola". "Chico" torturava na "Kula", uma sala sem janelas e com piso encerado em vermelho, para disfarçar o sangue. Na parede havia apenas uma torneira, que era usada para reanimar os infelizes que iam para tal inferno. Se não confessassem rapidamente, os presos iam logo para a "Kula". Com o tempo, por volta de 1967, essa se tornou a regra de início dos trabalhos. Ali eram despidos e torturados com palmatórias, "cavalos-marinhos", chicotes e paus. Depois, eram obrigados a ajoelhar num cabo de vassoura (por vezes, com pregos) e levantar pedras ou outros objetos pesados. Quando não aguentavam e os soltavam, eram violentamente espancados. As sessões demoravam em média três ou quatro horas. Se não confessassem algo, voltavam para a cadeia e depois retornavam para dar declarações na DGS. Na cadeia, passavam pela "dieta", que consistia em ficar sem comer por vários dias ou semanas. Praticamente todos os depoentes contam esse mesmo roteiro. Isso podia durar meses. Vou poupar o leitor dos pormenores, mas vale dizer que tal tratamento foi dado inclusive a uma mulher grávida que deu à luz na prisão[16]. Nem sempre confessar algo significava sair do sistema, pois os agentes podiam querer outras declarações. Não se podia confessar "errado", era preciso dar declarações "úteis". E por não saber o que isso significava, muitos morreram na "Kula", o que era considerado acidente de percurso.

---

15 Jaime, em ibidem, p. 84.

16 Cossa, em ibidem, p. 23.

Em Quelimane, as torturas também eram violentas. O agente "Teixeira" era o pior. Sádico, matava muitos presos. Parecia ter um prazer especial em quebrar dentes, detalhe comum em todos os depoimentos dos que foram para lá. Ali, os espancamentos tinham algo de pessoal. Os agentes agrediam a esmo, especialmente os carrascos de nome "Teixeira", "Lopes", "Marcambo" e "Correia". Logo que chegavam, os presos eram espancados e asfixiados, o que já causava a morte de muitos. Depois, eram torturados com outras pessoas, mortas ou inconscientes. Quando saíam das salas de tortura, nos banhos, os espancamentos continuavam. Era um lugar de barbaridades: enfiavam-se agulhas nas unhas, bebia-se o sangue dos mortos, queimava-se gente viva etc.

Em Mocímboa da Praia, imperavam os agentes "André" e "Moura". O administrador era o "Sabino" e, posteriormente, o "Pinho". O instrumental era o mesmo de outros lugares: régua de ferro, "cavalo-marinho" e palmatória. Pelo que se relata, quase não se dava comida aos presos nessa DGS. Os estrangulamentos eram costumeiros, e, por consequência, as mortes também. O depoente Namelo[17] conta que estava para ser enforcado, quando o administrador disse que não o fizessem porque era preciso poupar alguns para chegar a Ibo (ilha onde ficava a prisão central da DGS).

Esse era o quadro geral em Quelimane, Mueda, Lourenço Marques e Mocímboa da Praia. Não é de estranhar que a grande maioria dos depoentes relata ter confessado qualquer coisa para não morrer. E os que não o faziam acabavam mortos, ou por realmente terem alguma ligação com a Frelimo ou porque não sabiam como "confessar", visto que eram do "mato" (e não entendiam as perguntas dos agentes) ou por terem ficado "loucos" na tortura. Outros morriam na própria tortura, por "acidente de

---

[17] Namelo, em ibidem, p. 48.

percurso". Raramente se ia para hospitais. E, quando se ia, não se podia ficar por lá muito tempo, pois quando a "doença era de porrada", era preciso ir embora rápido[18].

Geralmente as perguntas dos interrogatórios (aos que chegavam lá vivos) giravam em torno de cinco pontos: a) conhece a Frelimo?; b) conhece alguém que conhece a Frelimo? c) tem "cartão" da Frelimo?; d) deu dinheiro ou foi em reuniões da Frelimo? e) conhece gente na Tanzânia[19]? As duas primeiras perguntas eram absurdas, pois é difícil imaginar alguém que não tivesse pelo menos ouvido falar da Frelimo em Moçambique entre 1963-1974. Mas a questão surgia, provavelmente, só para que o indivíduo falasse alguma coisa sobre o assunto. A terceira pergunta comprometia sem volta. A quarta era feita para que o depoente se incriminasse ou dedasse alguém (melhor se fosse verdade, mas não precisava sê-lo). A quinta era específica e servia mais para que o depoente assinasse confissões falsas, de modo que a DGS pudesse mostrar produtividade. Quem confessasse muito rápido era um alvo fácil para novas perguntas, torturas e prontuários.

Pelo que se pode observar dos depoimentos, boa parte dos interrogatórios levava a duas conclusões: a) ou o depoente "confessava" ter alguma "relação" com a Frelimo (dado dinheiro, comprado cartão, participado de reuniões, levado informações); b) ou ele fazia delações pré-redigidas, indicando pessoas (muitos padres, por exemplo) que supostamente eram da Frelimo ou a ajudavam diretamente. Em ambos os casos, segundo os depoentes, as confissões eram absurdas – e os próprios agentes e torturadores sabiam disso, tanto que chamavam a cadeia de Machava, por

---

18 Rosa, em ibidem, p. 61.

19 Entre 1962 e 1985, a Tanzânia foi governada por Julius Nyerere, líder nacional e pan-africanista que foi um dos principais apoiadores da Frelimo e da independência de Moçambique.

exemplo, de "escola da Frelimo"[20]. Isso porque era preciso saber algo sobre a Frente para poder dar depoimentos convincentes, que os agentes pudessem apresentar aos seus superiores como verdadeiros. Daí que a maioria dos depoentes tenha dito que quando resolviam "confessar" assinavam declarações prontas, que nem sequer eram lidas para eles.

Aí se chega a uma questão relevante: o importante não era conseguir informações, era "mostrar serviço". Ou seja, "fechar os processos", que eram abertos no nome dos agentes quando levavam os depoentes para as prisões e as DGS locais. De modo geral, só após "fechar o processo" é que os agentes enviavam os presos para a segunda fase do pesadelo: a ilha de Ibo.

Ao que parece, a ilha de Ibo era o próprio inferno na Terra. Ela era comandada pela DGS central. O roteiro começava com alguns dias de fome, seguidos pelos primeiros interrogatórios, com o uso de "*kerekuero*"[21] e outros instrumentos já relatados. Além disso, havia a prática de choques elétricos nos órgãos genitais. O conteúdo e a intensidade dessas torturas variavam conforme o prontuário do detento, escrito pelo primeiro agente da DGS. As torturas eram comandadas pelo agente "Almeida" e seus seguidores, a mando do chefe "Borges" (Eduardo Evelino Borges).

Em Ibo havia uma cela enorme e outras menores. Todas eram molhadas de madrugada, para que os presos não dormissem e ficassem expostos à máxima quantidade de doenças. Na maior, há relatos de quatrocentos homens juntos. Não se podia usar roupas, apenas sacos. Por falta de espaço, detentos tinham de se revezar para dormir e se proteger de outros presos, que matavam e torturavam a mando e soldo dos carcereiros. Muitas vezes, essas

---

[20] Tembe, em *Tortura na colônia de Moçambique, 1963-1974*, cit., p. 101.

[21] Tira de pneu com madeira para servir de cabo. Macata, em ibidem, p. 26.

divisões ganhavam tônica étnica. Cita-se em especial a rixa criada entre as etnias macua e maconde[22].

As informações mais precisas de Ibo vêm de um depoente que diz ter sido obrigado a trabalhar para os carcereiros da ilha na remoção de corpos da cadeia. Por dia, seriam cerca de vinte a trinta mortos. Quando morriam "apenas" quinze, segundo ele, o chefe "Borges se zangava, pois eram poucos". E, quando eram "muitos", o mesmo chefe distribuía pequenos presentes e mimos aos guardas e carcereiros[23].

Dois rituais aparecem em todos os depoimentos dos que foram a Ibo. O primeiro era o "banho de mar": todos os dias, os presos eram obrigados a mergulhar no mar e voltar correndo para a cadeia, em um trajeto cheio de espinhos no chão e formado por um "corredor polonês" (duas fileiras de espancadores, uma em cada lado do caminho a ser percorrido). Quem caía podia ser espancado até a morte. O segundo era "matar a sede". Isso significava ser obrigado a beber água no mesmo balde coletivo que anteriormente era utilizado para depósito de fezes e urina.

Os depoentes são unânimes em dizer que a "comida" era péssima, quando existia. Eram restos de peixe podre com ossos, espinhas e bichos.

Pouparei o leitor de mais detalhes. A passagem por Ibo costumava durar entre três meses e um ano. Após isso, para resumir uma história longa, os presos eram encaminhados para a terceira fase do pesadelo: a ida (ou volta) para prisões em que se praticava o "trabalho forçado" (de fato, escravização), como Machava, Ponta Mahone e Mabalane.

Neste último percurso, as torturas e matanças se iniciavam ainda na viagem. No barco, as pessoas eram amontoadas no porão de "Luanda", onde eram transportadas às dezenas. Um depoente relata terem morrido

---

22 Vingonbadi, em ibidem, p. 70.

23 Simba, em ibidem, p. 77.

trinta passageiros durante os oito dias de viagem que ele presenciou[24]. Os corpos eram jogados ao mar.

Os que chegavam vivos ao destino eram escravizados e se tornavam mão de obra para a DGS ou para as polícias (Judiciária ou Segurança Pública), trabalhando na lavoura (arroz, amendoim, batata etc.), na construção ou de forma particular, para os agentes da antiga Pide (em seus negócios ou no trabalho doméstico). O termo que muitos utilizaram para descrever essa prática é que eles eram "vendidos" para este ou aquele grupo. A pior situação parecia ocorrer em Mabalane, onde se relata que o agente "Ribeiro" espancava seus "trabalhadores" e "aprendizes". Ali, se trabalhava entre cinco da manhã e cinco da tarde, inclusive quando se estava doente. Nesse ponto os presos finalmente podiam receber visitas ocasionais e conversar com parentes – isto é, se soubessem falar português, pois se não soubessem tinham de ficar calados[25]. Em Mabalane, por vezes, havia visitas ocasionais da Cruz Vermelha Internacional. Nessas ocasiões, eles eram obrigados a mentir e dizer que recebiam cuidados médicos e dinheiro por seu trabalho. Alguns permaneciam seis ou sete anos nessa situação.

As atrocidades aqui resumidas e extensamente documentadas em *Tortura na colônia de Moçambique* devem ser lidas por todos aqueles que têm dúvidas sobre a barbaridade da situação colonial, em todas as suas formas e contextos.

"Na África não há Deus"

Segundo um dos depoentes, essa frase foi dita por um dos seus torturadores, chamado "João Rui", em Mocímboa da Praia. Pelo que se pôde observar da síntese aqui elaborada,

---

[24] Njota, em ibidem, p. 12.

[25] Mausse, em ibidem, p. 80.

este é o quadro pintado em Moçambique pela antiga DGS no período citado: assassinatos, torturas, espancamentos e outras barbaridades.

Alguns traços gerais podem ser resumidos. Nos principais centros locais da DGS encontrados no livro (Mueda, Mocímboa da Praia, Quelimane, Machava), a tortura era realizada de forma bárbara, com espancamentos gratuitos e assassinatos sumários. Isso não significa, necessariamente, falta de "profissionalismo", pelo menos no que se refere ao aspecto quantitativo, na finalização de processos. Também no aspecto qualitativo não resta dúvida de que os torturadores conseguiam o que queriam: incriminar pessoas. Sobretudo, padres e outros indivíduos que estariam supostamente "ligados à Tanzânia" e à Frelimo.

A lógica do sistema era chegar o mais rapidamente ao nível de sofrimento em que a maior parte dos indivíduos acaba confessando[26]. O fato de o depoimento ser "verdadeiro" ou não parece algo secundário, visto que o que realmente importava, na ótica dos agentes/torturadores, era tais informações serem úteis ou não para eles finalizarem os processos e seguirem adiante com seu trabalho.

O racismo era também um dos fatores que impulsionavam e legitimavam a tortura e o trabalho forçado. São inúmeras as referências ao tema no livro. Aí vale lembrar a correlação direta entre escravidão e racismo: o "porão de Luanda", os instrumentos de tortura (palmatória, chicote), o trabalho na lavoura ou na "matamba" etc. Em verdade, o racismo não se trata de um expediente para legitimar a tortura: é mais do que isso. O racismo era ali uma premissa que autorizava os assassinatos, como aqueles que muitas vezes ocorriam durante os interrogatórios. Como dizia o agente "Teixeira": "É preto, pode morrer"[27] – algo que pode ser comprovado por sua ação homicida em Quelimane.

---

26 Frantz Fanon, *Os condenados da terra*, cit., p. 323.

27 Sidone, em *Tortura na colônia de Moçambique, 1963-1974*, cit., p. 62.

Mas se a guerra e o racismo são elementos que legitimam a tortura, a impunidade é aquilo que a torna possível do ponto de vista institucional. Isso é lembrado por Fanon e pelos editores de *Tortura*, mas está também evidente nos depoimentos ali presentes, pois era algo de que os agentes/torturadores tinham consciência. Daí que se ouvia em Mocímboa da Praia, por exemplo, o lema maior dos torturadores: "Deus sou eu"[28]. Com o tempo, a certeza da impunidade era tanta que as matanças tornaram-se generalizadas. Algo que levou, por exemplo, à introdução da "dieta" prévia às torturas em Machava, a partir de 1971[29].

Os pontos levantados resumem o que se pode averiguar como aspectos centrais, estruturantes, do sistema de tortura da DGS/Pide em Moçambique durante 1963-1974. Tratava-se de um sistema assassino e desumano, em que se destacavam os sádicos, como "Chico Feio" (Machava), "Almeida" (Ibo), "Moura" (Mocímboa da Praia) e "Teixeira" (Quelimane).

Não resta dúvida de que a guerra colonial era o elemento primordial que justificava esse sistema. Mas também é indubitável que o racismo e a impunidade desempenharam papel-chave na reprodução desse sistema – seja por sua força ideológica, como forma de naturalização da inferioridade e desumanização (no caso do racismo), seja pela certeza de que nada ocorreria aos agentes/torturadores, desde que o colonialismo continuasse em Moçambique.

Vale lembrar: o problema não era individual. É sabido que a violência contra o colonizado é a essência do sistema colonial, tanto mais em períodos de guerra. O torturador francês ou português na África era um "bom patriota". A questão é estruturante. É impressionante a semelhança entre a análise de Fanon e a realidade encontrada nos depoimentos do livro. A única diferença substancial

---

[28] Mendes, em ibidem, p. 60.

[29] Muianga, em ibidem, p. 80.

nesse sentido é que em Moçambique os presos eram ainda obrigados ao trabalho forçado, por anos, enquanto estivessem dentro do sistema prisional. Havia também roubos constantes. São elementos que ou escaparam à análise de Fanon, ou não existiam no sistema argelino. Aí está, portanto, a contribuição específica da antiga DGS de Moçambique: além de assassinos, sádicos, racistas e torturadores, eles eram também ladrões e escravistas. Ao menos, isso é o que a pesquisa documental aqui trabalhada aponta.

Voltemos ao ponto em que Fanon deixou a discussão: a configuração colonialista. Dizia ele que a configuração colonialista era estruturada pela dominação policial, pelo racismo sistemático e por um processo de desumanização racionalmente perseguido, no qual a tortura é a norma. Olhar desde tal ótica é perceber que o problema das relações coloniais entre os povos, ou seja, de conquistadores e conquistados, está muito além do sistema colonial que o originou. Portanto, ao se discutir essa questão, não se está falando apenas do passado, mas do presente de um sistema que se mantém pela desumanização de suas vítimas, por um processo que inclui exploração (de trabalho e biológica) e dominação (objetiva e subjetiva, ou seja, despersonalização). Qualquer semelhança com a reprodução desse sistema em outras sociedades de conquista, para além das estritamente coloniais, portanto, não é mera coincidência.

Referências

CHEBILI, Saïd. Fanon et la torture. *L'information psychiatrique*, v. 94, n. 4, 2018, p. 281-5.

FANON, Frantz. *Por uma revolução africana*: textos políticos. Trad. Carlos Alberto Medeiros, Rio de Janeiro, Zahar, 2021.

______. *Os condenados da terra*. Trad. Ligia Ferreira Fonseca e Regina Salgado Campos, Rio de Janeiro, Zahar, 2022.

GILROY, Paul. Fanon and Améry: Theory, Torture and the Prospect of Humanism. *Theory, Culture & Society*, v. 27, n. 7-8, dez. 2010, p. 16-32.

HADDOUR, Azzedine. *Frantz Fanon*: Gender, Torture and the Biopolitics of Colonialism. Londres, Pluto, 2022.

HASSAN, Manar. Frantz Fanon's "Torture Memo": A Reclamation of Identity and Morality. New Preface to *The Wretched of the Earth*. 2008.Disponível em: <https://manarisms.files.wordpress.com/2008/07/fanons-torture-memo.pdf>; acesso em: 10 abr. 2015.

TURNER, Lou. Fanon and the Biopolitics of Torture: Contextualizing Psychological Practices as Tools of War. In: GIBSON, Nigel (org.). *Living Fanon*: Global Perspectives. Nova York, Palgrave Macmillan, 2011.

VÁRIOS AUTORES. *Tortura na colônia de Moçambique, 1963-1974*: depoimentos de presos políticos. Porto, Afrontamento, 1977.

4.

Freud, Fanon e o mal-estar colonial

Deivison M. Faustino e Miriam Debieux Rosa

A sociogênese do sofrimento psíquico

Em *Pele negra, máscaras brancas*, Frantz Fanon faz a seguinte afirmação a respeito da tendência constitucionalista em psicologia do fim do século XIX: ao propor a psicanálise, Freud teria exigido "que se levasse em conta o fator individual. Ele substituiu uma tese filogenética pela perspectiva ontogenética". E segue: "Veremos que a alienação do negro não é uma questão individual. *Além da filogenia e da ontogenia, existe a sociogenia* [...] se trata, neste caso, de um *sociodiagnóstico*"[1].

Como se sabe, a psicologia filogenética ou constitucional é aquela que relaciona o comportamento humano à *morfologia* e à *fisiologia*, criando uma correlação entre o perfil corporal e as características psicológicas mais universais dos sujeitos. Embora não pudesse oferecer respostas conclusivas sobre a relação e as fronteiras entre a biologia e a experiência humana individual, Freud, em seu "Panorama das neuroses de transferência" (1915), não deixou de se perguntar "O quanto a disposição filogenética

---

[1] Frantz Fanon, *Pele negra, máscaras brancas* (trad. Sebastião Nascimento e Raquel Camargo, São Paulo, Ubu, 2020), p. 25, grifos nossos.

pode contribuir para a compreensão das neuroses"[2]. No entanto, se distanciará significativamente das concepções biológicas ao atribuir papel fundamental à dimensão temporal do psíquico, "o tempo do agora, do instante em que o psíquico acontece"[3], apontando, assim, inicialmente, para uma coabitação relacional entre uma filogenética biológica e uma filogenia psíquica. O que seria próprio dessa filogenia psíquica é sua natureza plástica, relacional e de origem experiencial (ambiental).

A incursão da psicanálise na sociologia aconteceu por exigência da prática psicanalítica no momento em que Freud se deu conta de que a problemática neurótica que leva ao sintoma tem um componente que se poderia chamar de moral. Essa problemática tornou-se tão fundamental na teoria e na clínica freudianas que inicialmente ela foi pensada como o eixo da teoria pulsional – as pulsões sexuais em conflito com pulsões do Eu – e mais tarde sustentou a postulação de uma instância psíquica para a função moral, o Supereu. Em Freud, portanto, há sempre um triplo movimento de conjunção entre clínica/metapsicologia/cultura e sociedade, que marca sua constante recusa em opor indivíduo e sociedade, reafirmando a indissociável relação entre um e outro:

> Quando Freud se depara com o desejo em jogo nos processos neuróticos e, portanto, na clínica, avançando da teoria da sedução para a teoria da fantasia, também se vê às voltas com ter de lidar com esse componente moral que se opõe ao desejo em cada caso clínico. Isso o conduz a toda uma elaboração que o leva a pensar: a) uma articulação com a

---

2 Sigmund Freud, *A Phylogenetic Fantasy: Overview of the Transference Neuroses* (Londres, The Belknap, 1987), p. 10.

3 Monah Winograd, "Freud e a filogenia anímica", *Revista do Departamento de Psicologia da UFF*, Niterói, v. 19, n. 1, 2007; disponível on-line.

teoria da cultura; b) uma teoria da sociabilidade; e c) instrumentos conceituais de análise social.[4]

Quatro textos tornam-se centrais para a explicitação da temática política em Freud, a saber: *Psicologia das massas e análise do eu* (1921), *O futuro de uma ilusão* (1927), *O mal-estar na civilização* (1929) e *Por que a guerra?* (1933)[5]. No primeiro, Freud traça um panorama do ponto de vista libidinal de como se organizam os laços sociais e da relação dos grupos e massas com os líderes, a partir do conceito de ideal do Eu, libido, identificação e narcisismo. Já em *Totem e tabu* (1913), Freud localiza o Édipo e o tabu do incesto como ponto inicial da cultura e da sociedade. Essas bases são posteriormente ampliadas em *O futuro de uma ilusão*, a partir da ideia de que a constituição psíquica está marcada por uma relação de poder, tal como aparece na vivência religiosa que promete segurança a um certo preço: a submissão às exigências desse outro, supostamente protetor. Seguem-se as regras e o outro lhe oferece garantia e amparo. Será nesse texto que Freud expressará sua recusa em distinguir *Kultur* de *Zivilisation*. Tal recusa aponta um posicionamento fundamental do criador da psicanálise, cujo sentido é elucidado por Mezan:

> Tradicionalmente opõem-se os termos de cultura e civilização, este designando a dimensão material da vida social (produção dos bens essenciais à sobrevivência do grupo) e aquele a dimensão espiritual, que se manifesta na religião,

---

[4] Miriam Debieux Rosa, Ivan Ramos Estêvão e Ana Paula Musatti Braga, "Clínica psicanalítica implicada: conexões com a cultura, a sociedade e a política", *Psicologia em Estudo*, v. 22, n. 3, 2017, p. 361.

[5] Sigmund Freud, *Psicologia das massas e análise do eu* (trad. Renato Zwick, Porto Alegre, L&PM, 2019), "O futuro de uma ilusão" e "O mal-estar na civilização", em *Obras psicológicas completas de Sigmund Freud*, v. 21 (Rio de Janeiro, Imago, 1996), e "Por que a guerra?", em ibidem, v. 22.

> na arte, na ciência, na filosofia, como outras grandes formações culturais. Ao recusar-se a ratificar esta divisão artificial, Freud entende situar-se numa perspectiva em que ambas se articulam entre si, pois em conjunto constituem o índice que diferencia os homens dos animais.[6]

Descritivamente, os "dois aspectos" da civilização, a organização social e o universo das representações coletivas, apresentam-se como diferentes, mas, na verdade, estão intimamente relacionados. "Ou seja, o modo como os homens organizam sua vida social, a maneira como produzem os bens para viver, tudo isso está articulado à forma como representam a si mesmos e aos outros."[7] Trata-se de uma teoria da submissão do ponto de vista psíquico e inconsciente que será retomada no texto *O mal-estar na cultura*, que articula uma concepção de poder e desamparo. Essas posições de Freud, "embora nem sempre levadas em consideração pela psicanálise, não passaram despercebidas pelos seus seguidores, tais como o grupo dos chamados freudomarxistas, composto por Bernfeld, Fenichel, Reich e Fromm", entre outros, servindo de "operadores para pensar não só a sociedade e a cultura, mas o modo de produção capitalista"[8].

É difícil dizer se, no trecho com o qual abrimos este texto, o jovem estudante de psiquiatria Frantz Fanon ignora essa abertura da psicanálise freudiana ao social ou se apenas a considera insuficiente; fato é que, depois de comemorar a emergência da psicanálise, ele assevera seu sociodiagnóstico: "Além da filogenia e da ontogenia, existe a sociogenia"[9]. Com essa posição, evita tanto a redução da singularidade

---

6 Renato Mezan, *Freud, pensador da cultura* (São Paulo, Brasiliense, 1997), p. 482-3.

7 Miriam Debieux Rosa, Ivan Ramos Estêvão e Ana Paula Musatti Braga, "Clínica psicanalítica implicada", cit., p. 362.

8 Idem.

9 Frantz Fanon, *Pele negra, máscaras brancas*, cit., p. 25.

individual às grades restritivas da racialização[10] quanto a sua anulação por análises sociologicizantes que reduzam a riqueza complexa e não linear da experiência psíquica a constatações generalizantes e carentes de mediações[11]. Ao mesmo tempo, reforça as sugestões oferecidas pelo próprio Freud[12] sobre a necessidade de considerar a dimensão singular da experiência subjetiva na relação com o ambiente afetivo e sociocultural que a influencia.

É a partir dessa premissa – a sociogenia – que Fanon dialogará com a psicanálise, com o existencialismo sartreano e com o marxismo, mas, sobretudo, com as diversas disciplinas e abordagens que estruturam o conjunto dos chamados "saberes Psi"", em particular, e o campo da saúde mental, em geral, apresentando uma perspectiva clínica implicada com o sofrimento sociopolítico[13], atenta tanto às dimensões singulares e universais do sujeito psíquico

---

10 Sobre a diferença e a relação entre colonialismo, racismo e racialização, ver Deivison M. Faustino, "Frantz Fanon: capitalismo, racismo e a sociogênese do colonialismo", *Revista SER Social*, v. 20, n. 42, jan.-jun. 2018, p. 148-63.

11 Esse aspecto é fundamental em Fanon, pois mesmo quando o foco de sua análise é o desvelamento das dimensões políticas e sociais do sofrimento psíquico, a relação entre discriminação sistemática, sofrimento e eventual adoecimento nunca é mecanicamente causal, como fica explícito no emprego da conjunção subordinativa condicional "se": "O que estamos sugerindo? Basicamente o seguinte: quando os negros se acercam do mundo branco, ocorre uma certa ação sensibilizadora. Se a estrutura psíquica se mostra frágil, assistimos a um colapso do ego"; Frantz Fanon, *Pele negra, máscaras brancas*, cit., p. 169, grifo nosso.

12 Como explicitou: "A princípio, a psicologia individual também é ao mesmo tempo psicologia social"; Sigmund Freud, *Psicologia das massas e análise do eu*, cit., p. 35.

13 Miriam Debieux Rosa, *Psicanálise, política e cultura: a clínica em face da dimensão sociopolítica do sofrimento* (São Paulo, Escuta/Fapesp, 2016).

quanto aos elementos políticos e sociais que atravessam a sua experiência. Se a psicologia individual defendida por Freud (mas também a psiquiatria praticada pelo martinicano) é, ao mesmo tempo, uma psicologia social[14], as disciplinas que se ocupam da mente ou da subjetividade deveriam levar em consideração as contradições existentes em cada sociedade como uma das mediações que atravessam a experiência psíquica singular.

A sociabilidade que Fanon exige que se leve em conta é a capitalista, em seu processo de desenvolvimento desigual e combinado[15]. Ela forjou o indivíduo moderno e abriu as condições para a emergência da psicologia e da psiquiatria, ao mesmo tempo que se universalizou, expandindo-se para fora da Europa a partir da violência colonial. Desde então, nesses territórios ocupados, as relações sociais passaram a ser marcadas por forças relativamente distintas daquelas observadas nos centros capitalistas europeus. Para ele, a emergência da modernidade capitalista e a sua necessidade de converter o que é genuinamente humano em objeto da acumulação não se deu apenas pela

---

[14] Sigmund Freud, *Psicologia das massas e análise do eu*, cit., p. 35.

[15] Como reconhece o próprio Marx no célebre Livro I de *O capital*, ao falar da "assim chamada acumulação primitiva": "O sistema colonial amadureceu o comércio e a navegação como plantas num hibernáculo. [...] Às manufaturas em ascensão, as colônias garantiam um mercado de escoamento e uma acumulação potenciada pelo monopólio do mercado. Os tesouros espoliados fora da Europa diretamente mediante o saqueio, a escravização e o latrocínio refluíam à metrópole e lá se transformavam em capital. [...] Daí o papel preponderante que o sistema colonial desempenhava nessa época. Ele era o 'deus estranho' que se colocou sobre o altar, ao lado dos velhos ídolos da Europa, e que, um belo dia, lançou-os por terra com um só golpe. *Tal sistema proclamou a produção de mais-valor como finalidade última e única da humanidade*"; Karl Marx, *O capital: crítica da economia política*, Livro I: *O processo de produção do capital* (trad. Rubens Enderle, São Paulo, Boitempo, 2013), p. 823-4, grifos nossos.

conversão (também violenta) de uma parte dos europeus a meros produtores de valor, destituídos desses objetivos por eles produzidos, mas, sobretudo, pela conversão dos povos não europeus à condição de objetos semoventes.

Para Fanon, contudo, não é possível objetificar um ser humano a esse ponto, em pleno período de ascensão de um discurso do *humano*, como sujeito universal e demiurgo dos próprios pressupostos sem, ao mesmo tempo, destituí-lo ética, política e esteticamente dessa noção de humanidade que se esboçava:

> A submissão [...] da população autóctone é a principal necessidade. Para isso é preciso destruir seus sistemas de referência. [...] O panorama social é desestruturado, os valores são desprezados, esmagados, esvaziados. As linhas de força não mais organizam, desmoronadas diante de um novo sistema estabelecido pela força, não proposto mas imposto, sob o peso de sabres e canhões.[16]

Entretanto, esse processo de desumanização (colonial) marca, a seu modo, não somente a sociabilidade das colônias, mas também a das metrópoles capitalistas. Por essa razão, a tomada de consciência das relações sociais[17] deveria ser pautada por uma análise que ultrapassasse a dimensão meramente econômica da dominação. Dessa forma, o marxismo, a filosofia hegeliana, o existencialismo e a psicanálise – com os quais Fanon dialogou explicitamente – precisariam ser *estendidos*[18] e *calibanizados*[19] para

---

[16] Frantz Fanon, *Por uma revolução africana: textos políticos* (trad. Carlos Alberto Medeiros, Rio de Janeiro, Zahar, 2021), p. 72

[17] Idem, *Pele negra, máscaras brancas*, cit., p. 28.

[18] Idem, *Os condenados da terra* (trad. Ligia Ferreira Fonseca e Regina Salgado Campos, Rio de Janeiro, Zahar, 2022), p. 36.

[19] A noção de calibanização foi empregada originalmente por Paget Henry em *Caliban's Reason: Introducing Afro-Caribbean Philosophy* (Nova York, Routledge, 2000) e mobilizada no artigo "Hegel, Fanon

dar conta desse mundo (colonial) cindido, onde tanto a dialética experiencial quanto os afetos próprios aos processos psíquicos operam sob restrições sociais incontornáveis[20]. A centralidade da *sociogenia*, no entanto, não representa a recusa da *filogenia* e da *ontogenia*, mas sim a solução interdisciplinar e dialética dessas instâncias por certa transgressão calibanizadora de seus pilares, o que permitiu a Fanon tematizar o que nomearemos aqui como *mal-estar colonial*.

O mal-estar colonial

Ao investigar as cisões psíquicas que emergem sob a sociabilidade moderna, Sigmund Freud problematizou, em *O mal-estar na civilização*[21], a existência de uma tensão entre as pulsões e as regras sociais internalizadas pelos indivíduos em um dado contexto. Essa tensão – que segundo Freud seria pautada pela "substituição do

---

e a (suposta) interdição da dialética" da presente coletânea, para dar conta da apropriação e transgressão dos cânones europeus por autores afro-caribenhos modernos e anticoloniais, entre os quais se inclui Frantz Fanon. Calibã é uma personagem shakespeariana da peça *A tempestade* (1610-1611) que, ao ser escravizada, se apropria da língua de seu senhor (a única considerada válida) para amaldiçoá-lo.

20 Deivison M. Faustino, "Notas sobre a sociogenia, o racismo e o sofrimento psicossocial no pensamento de Frantz Fanon", *Revista Eletrônica Interações Sociais*, v. 4, 2020, p. 10-21; Deivison M. Faustino e Maria Clara de Oliveira, "Frantz Fanon e as máscaras brancas da saúde mental: subsídios para uma abordagem psicossocial", *Revista da ABPN*, v. 12, ed. especial, out. 2020, p. 6-26; disponível on-line.

21 Sobre os dilemas de tradução em Freud, ver Maria N. Folberg, "Cultura, mal-estar e psicanálise", *Arquivos Brasileiros de Psicologia*, Rio de Janeiro, v. 39, n. 2, abr./jun. 1987, p. 18-28.

poder do indivíduo pelo da comunidade"[22] – é marcada por uma união libidinal dos indivíduos. Diferentemente do que havia argumentado antes[23] – que o sofrimento causado pela restrição à sexualidade figurava como oponente à civilização –, em *O mal-estar* é a energia sexual que viabiliza o laço social, ligando os sujeitos entre si. No entanto, essa união é também marcada por um desprazer provocado não pelas regras culturais em si, mas pelo conflito entre a sua interiorização e as agressividades pulsionais que compõem cada indivíduo. Assim, o enlaçamento social é, "desde sua origem, portador de sentimentos de destruição e agressividade com relação ao próximo. É essa agressividade, esse desejo de destruição do próximo que tem de ser cerceado. A lei incide onde o desejo ameaça o social"[24].

Para conter essa agressividade inerente e internalizar as proibições existentes na cultura, argumenta Freud, o Supereu atua como "uma consciência mais severa do que qualquer instituição externa"[25], deslocando (não sem desconfortáveis consequências) a libido para caminhos de expressão socialmente aceitos. É em relação a essa autocontenção que a neurose se constitui, à medida que as pulsões agressivas são transportadas para dentro de si, do sujeito, que as vive como conflito interno entre, de um lado, o *eu*, os sentimentos e paixões e, do outro lado, o Supereu com suas regras sociais

---

22 Sigmund Freud, "O mal-estar na civilização", cit., p. 102.

23 Idem, "Moral sexual 'civilizada' e doença nervosa moderna", em *Obras psicológicas completas de Sigmund Freud*, v. 9 (Rio de Janeiro, Imago, 1996).

24 Clara Virginia de Q. Pinheiro, Celina Peixoto Lima e Débora Passos de Oliveira, "Sobre as relações entre o sexual e o mal-estar na civilização: uma discussão acerca das perspectivas freudianas", *Psicologia Clínica*, v. 18, n. 2, 2006, p. 44; disponível on-line.

25 Idem.

interiorizadas. Nessa formulação, o ambiente familiar é entendido como o lugar mais propício para educação e ajustamento do sujeito, desde a infância, às regras sociais. "A família se constitui como o primeiro grupo de trabalho e a principal fonte de amor. A necessidade e o amor – Eros e Ananké – foram os geradores da família como nós a conhecemos."[26]

Posteriormente, quando se der a chamada "entrada na vida adulta", corta-se simbolicamente o cordão umbilical e a família é abandonada para dar lugar a novos laços objetais, também socialmente mediados. As novas possibilidades de satisfação e repressão seguem marcadas por uma complexa relação entre amor e agressividade, autocontenção e a culpa. Para Freud, o "homem civilizado trocou uma parcela de suas possibilidades de felicidade por uma parcela de segurança"[27]. Diz também:

> O sofrimento nos ameaça a partir de três direções: de nosso próprio corpo, condenado à decadência e à dissolução [...]; do mundo externo, que pode voltar-se contra nós com forças de destruição esmagadoras e impiedosas; e, finalmente, de nossos relacionamentos com os outros homens. O sofrimento que provém dessa última fonte talvez nos seja mais penoso do que qualquer outro.[28]

Sobre essa relação, acrescenta:

> Os homens não são criaturas gentis [...]; pelo contrário, são criaturas entre cujos dotes instintivos deve-se levar em conta uma poderosa quota de agressividade. Em resultado disso, o seu próximo é, para eles, não apenas um ajudante em potencial ou um objeto sexual, mas também alguém que os tenta a satisfazer sobre ele a sua agressividade, a

---

[26] Maria N. Folberg, "Cultura, mal-estar e psicanálise", cit.

[27] Sigmund Freud, "O mal-estar na civilização", cit., p. 119.

[28] Ibidem, p. 84.

> explorar sua capacidade de trabalho sem compensação, utilizá-lo sexualmente sem o seu consentimento, apoderar-se de suas posses, humilhá-lo, causar-lhe sofrimento, torturá-lo e matá-lo – *Homo homini lupus*.[29]

Embora Freud entendesse a cultura como "as realizações e os regulamentos que distinguem nossas vidas das dos nossos antepassados animais e que servem a dois intuitos – a saber: o de proteger os homens contra a natureza e o de ajustar os seus relacionamentos mútuos"[30], o que pressupõe uma certa universalidade do mal-estar [*Unbehagen*], nesse cenário pode-se perceber, em primeiro lugar, que nem todos pagam o mesmo preço pela chamada civilização. Todos têm restrições pulsionais em troca de proteção e pertença, mas uma parcela da população tem maior proteção, menos restrições e menos infortúnios, enquanto outra parcela, explorada, tem menor proteção, mais restrições e maiores sofrimentos, o que inclui o tema da desigualdade no sofrimento e no mal-estar[31].

A desigualdade aqui referida é questão bastante diversa da noção da diferença, tematizada na psicanálise como diferença sexual, desejo e singularidade. De acordo com o filósofo Sergio Paulo Rouanet, "os sofrimentos e privações impostos às classes oprimidas constituiriam um *Unbehagen* [mal-estar] intenso e ameaçador, causador de grande parte da frustração pulsional na maioria da população"[32]. Percebe-se em segundo lugar que, para

---

[29] Ibidem, p. 116.

[30] Ibidem, p. 96.

[31] Miriam Debieux Rosa, Ivan Ramos Estêvão e Ana Paula Musatti Braga, "Clínica psicanalítica implicada", cit.

[32] Sergio Paulo Rouanet, *Mal-estar na modernidade* (São Paulo, Companhia das Letras, 1993), p. 115.

Freud, é na sociedade "ocidental"[33] que a cultura, com suas leis, interdições e tabus, se apresentava mais desenvolvida e, portanto, mais dramática e diretamente relacionada ao aumento do sentimento de angústia, a insatisfação. Como já havia argumentado anteriormente, pode-se "com correção responsabilizar também nossa civilização pela disseminação da neurastenia"[34].

Entretanto, ao se analisar o mal-estar tanto em termos de "processo civilizador"[35] como de *estranhamentos* historicamente determinados[36], descortina-se o longo, complexo e contraditório processo histórico

---

33 As aspas aqui referem-se ao caráter movediço e pouco preciso que "ocidental" representa em termos históricos, geográficos e conceituais, mas, sobretudo, o quanto expressa relações entre raça e nacionalidade. Ver, nesse sentido, Domenico Losurdo, *A linguagem do império: léxico da ideologia estadunidense* (trad. Jaime A. Clasen, São Paulo, Boitempo, 2010).

34 Sigmund Freud, *A sexualidade na etiologia das neuroses* (Rio de Janeiro, Delta, 1986), p. 29.

35 Para uma relação entre as noções de mal-estar, de Freud, e processo civilizador, de Elias, ver Clara Virginia de Q. Pinheiro, Celina Peixoto Lima e Débora Passos de Oliveira, "Sobre as relações entre o sexual e o mal-estar na civilização", cit.

36 O termo "estranhamento" é empregado aqui conforme propõe Ranieri ao afirmar que "na obra de Marx, diferentemente da forma trabalhada e consagrada pela bibliografia que tratou do tema, existe uma distinção entre alienação (*Entäusserung*) e estranhamento (*Entfremdung*): enquanto alienação tem o significado de algo ineliminável do homem, uma exteriorização que o autoproduz e forma no interior de sua sociabilidade, estranhamento é designação para as insuficiências de realização do gênero humano decorrentes das formas históricas de apropriação do trabalho, incluindo a própria personalidade humana, assim como as condições objetivas engendradas pela produção e reprodução do homem"; Jesus Ranieri, *A câmara escura: alienação e estranhamento em Marx* (São Paulo, Boitempo, 2001), p. 35. Embora essa distinção não seja identificada nos escritos de Frantz Fanon, como veremos, ela é

de desenvolvimento humano das forças produtivas e individuação em que emergem o indivíduo moderno, suas angústias e cisões subjetivas. Concorde-se ou não com o diagnóstico freudiano, é sempre necessário enfatizar que o sujeito por ele apresentado existe apenas em relação àquilo que lhe é socialmente exterior (e ao mesmo tempo interiorizado). Embora o pai da psicanálise pareça mais interessado no equacionamento da alteridade que compõe a singularidade subjetiva enquanto intersubjetividade do que como exterioridade prático-concreta[37], não deixa de explicitar que, na "vida psíquica do indivíduo, o outro entra em consideração de maneira bem regular como modelo, objeto, ajudante e adversário, e por isso, como já referido aqui, desde o princípio, a psicologia individual também é ao mesmo tempo psicologia social"[38].

Em Fanon, essa exterioridade social sob a qual a subjetividade se constitui é a sociabilidade burguesa em suas instituições, crises e possibilidades de individuação e subjetivação. Mas ela emerge, se consolida e se universaliza desigualmente pelo globo terrestre a partir da violência colonial. A pergunta suscitada a partir daqui é: qual a extensão e abrangência do mal-estar observado por Freud quando pensado no tempo e no espaço do desenvolvimento desigual e combinado do capital, sobretudo nas sociedades estruturadas a partir do colonialismo? Freud, relendo Hobbes e Rousseau, falava de um pretenso pacto

---

uma das chaves analíticas utilizadas para decifrar a singularidade de sua clínica.

[37] Karel Kosik, *Dialética do concreto* (trad. Célia Neves e Alderico Toríbio, Rio de Janeiro, Paz e Terra, 1969); Karl Marx, *Para a crítica da economia política* (trad. Nélio Schneider, São Paulo, Boitempo, 2024); Karl Marx e Friedrich Engels, *A ideologia alemã* (trad. Luciano Cavini Martorano, Nélio Schneider e Rubens Enderle, São Paulo, Boitempo, 2007).

[38] Sigmund Freud, *Psicologia das massas e análise do eu*, cit., p. 35.

(contrato) social parricida e autorrestritivo estabelecido entre irmãos contra uma tirania maior[39]. O colonizado narrado por Fanon, no entanto, não se insere nesse pacto voluntariamente, como sujeito contratante, mas sim como objeto inumano a ser negociado ou exterminado em uma nova ordem (colonial) perpetrada pela tirania total e não consanguínea estruturada a partir da dissolução violenta dos laços sociais aos quais estava integrado anteriormente e da sua inserção como *coisa* em uma nova ordem[40].

Verticalmente objetificado, o colonizado é lançado a uma nova sociabilidade "não proposta mas imposta, sob o peso de sabres e canhões"[41] cuja política, estética e ética dominante não lhe dizem respeito[42]. Como afirma:

> O mundo colonizado é um mundo dividido em dois. A linha divisória, a fronteira, é indicada pelos quartéis e delegacias de polícia. Nas colônias, o interlocutor válido e institucional do colonizado, o porta-voz do colono e do regime de opressão, é o policial ou o soldado. Nas sociedades de tipo capitalista, o ensino, religioso ou laico, a formação de reflexos morais transmitidos de pais para filhos, a honestidade exemplar de operários condecorados depois de cinquenta anos de bons e leais serviços, o amor incentivado pela harmonia e pela prudência, essas formas estéticas do respeito pela ordem estabelecida, criam em torno do explorado um clima de submissão e

---

39 Ver idem, "Totem e tabu", em *Obras psicológicas completas de Sigmund Freud*, v. 13 (Rio de Janeiro, Imago, 1996).

40 Deivison M. Faustino, "Notas sobre a sociogenia, o racismo e o sofrimento psicossocial no pensamento de Frantz Fanon", cit.

41 Frantz Fanon, *Por uma revolução africana*, cit., p. 72.

42 Para uma análise a respeito das implicações éticas e políticas do colonialismo, ver Denise Ferreira da Silva, *A dívida impagável* (trad. Amilcar Packer e Pedro Daher, São Paulo, Forma Certa, 2019).

> inibição que ameniza consideravelmente o trabalho das forças de segurança pública. Nos países capitalistas, entre o explorado e o poder se interpõe uma multidão de professores de moral, de conselheiros, de "desorientadores". Nas regiões coloniais, ao contrário, o policial e o soldado, por sua presença imediata, suas intervenções diretas e frequentes, mantêm contato com o colonizado e o aconselham, valendo-se de coronhadas ou bombas de napalm, a ficar quieto. Vê-se que o intermediário do poder usa uma linguagem de pura violência. O intermediário não alivia a opressão, não encobre a dominação. Ele as exibe e manifesta com a consciência tranquila das forças de segurança. O intermediário leva a violência para dentro das casas e do cérebro do colonizado.[43]

Numa elaboração do filósofo camaronês Achile Mbembe[44], a população que fica à margem do sistema capitalista, que concebe a vida enquanto utilidade, pode ser eliminada quando não é aproveitada pelo sistema. "Raça" e "racismo" tornam-se as noções radicalizadas dessa subdivisão populacional e demonstram a forma exemplar pela qual se estabelece uma política da morte. A gestão social não mais se estrutura em torno da noção de cidadania, mas na lógica da guerra, da relação com o inimigo que deve ser dominado ou eliminado, se não fisicamente, em seu lugar de fala. Assim são produzidos os *estranhos*, aqueles que carregam a possibilidade de trazer à tona o que deveria permanecer oculto[45].

---

43 Frantz Fanon, *Os condenados da terra*, cit., p. 34.

44 Achile Mbembe, *Crítica da razão negra* (trad. Sebastião Nascimento, São Paulo, n-1, 2018) e *Necropolítica: biopoder, soberania, estado de exceção, política da morte* (3. ed., trad. Renata Santini, São Paulo, n-1, 2018).

45 Sigmund Freud, *La afasia* (trad. Ramón Alcade, Buenos Aires, Nueva Visión, 1973).

São esses que deverão, sempre, estar circunscritos num espaço de visibilidade/invisibilidade, para que não denunciem, com sua presença, o que lhes é negado na possibilidade de narrativa[46]. Os estranhos, o refugo vivo, a vida nua do nosso tempo, são aqueles que se deverá *apagar*, *calar*, para produzir a ilusão de que estão mortificados, anônimos, imersos num mundo apresentado como ideal e imutável. Saem de cena a história, a transformação social, como forma de abordar o mal-estar.

Nesse contexto, o sofrimento subjetivo não é mero efeito das restrições impostas pelo processo civilizatório, mas resultado de um processo de destituição subjetiva e interdição de reconhecimento[47]. Distinguir *processo civilizatório* de *manipulações sociais e políticas* para o exercício de um poder coercitivo é fundamental para localizar os processos de constituição subjetiva e os modos como são cooptados pelo poder[48]. O que está em jogo no colonialismo é justamente a suspensão do pacto civilizatório e a imposição de um tratado unilateral em que ao colonizador é permitida toda sorte de expansão agressiva e obscena, desde que dirigida aos colonizados. A confusão entre o pacto e a sua interdição faz parte da estratégia política para impedir as subversões.

Ocorre, como alerta o psiquiatra martinicano, que a configuração colonial[49] não é exclusividade dos territórios colonizados, mas de toda a modernidade capitalista. A democracia burguesa, as noções éticas e jurídicas de igualdade e liberdade, o desenvolvimento das forças produtivas na

---

46 Miriam Debieux Rosa, Ivan Ramos Estêvão e Ana Paula Musatti Braga, "Clínica psicanalítica implicada", cit.

47 Como já abordado no capítulo 2 desta coletânea.

48 Miriam Debieux Rosa, *Psicanálise, política e cultura*, cit.

49 Muryatan S. Barbosa, "A atualidade de Frantz Fanon: acerca da configuração colonialista", em Silvio de Almeida Carvalho Filho e Washington Santos Nascimento (orgs.), *Intelectuais das Áfricas* (Campinas, Pontes, 2018).

Europa e, sobretudo, a sua partilha de relativo bem-estar social e direitos com os trabalhadores explorados em seu interior só são possíveis mediante "a expropriação, a espoliação, a invasão, o assassinato objetivo"[50] de populações não europeias nas colônias durante séculos. Esse processo atua, por um lado, pela transferência concreta das contradições sociais e econômicas europeias para as colônias, reduzidas a posições periféricas no capitalismo. Por outro lado, essa transferência atua no plano simbólico, retirando a colonização do horizonte político e teórico perceptível sob o qual o capitalismo é tematizado, defendido ou criticado. Assim, as dinâmicas de exploração e opressão próprias à escravidão colonial deixam de fazer parte das equações modernas sobre a ética, a política e a estética no Ocidente capitalista e, inclusive, do cálculo geral do mais-valor[51].

No colonialismo capitalista, a "cega cólera" direcionada ao colonizado não é aquela que "separa os povos irmãos em tempos de guerra", como descrito por Freud em seu repúdio à grande guerra europeia, mas sim uma *cólera nua* destinada aos *bárbaros* selvagens que não teriam evoluído o suficiente para compor uma "comunidade cultural"[52]

---

[50] Frantz Fanon, *Por uma revolução africana* (trad. Carlos Alberto Medeiros, Rio de Janeiro, Zahar, 2021), p. 72.

[51] Denise Ferreira da Silva, *A dívida impagável*, cit.

[52] "Estava-se, pois, preparado para que a humanidade se visse ainda, por muito tempo, enredada em guerras entre os povos primitivos e os civilizados, entre as raças humanas diferenciadas pela cor da pele e, inclusive, entre os povos menos evoluídos ou incultos da Europa. Mas das grandes nações da raça branca, dominadoras do mundo, às quais coube a direção da humanidade, que se sabia estarem ocupadas com os interesses mundiais, e cujas criações são os progressos técnicos no domínio da natureza e os valores culturais, artísticos e científicos; destes povos esperava-se que saberiam resolver de outro modo as suas discórdias e os seus conflitos de interesses. Dentro de cada uma dessas nações tinham-se prescrito ao indivíduo elevadas normas morais, às quais devia ajustar a sua

como o animal político (*politikón zôon*) que caracteriza a *bios* aristotélica, apenas como *zoé* congenitamente determinado por sua inferioridade, ora religiosa, ora biológica, ora cultural. Há algo aqui que lembra vagamente "O tabu da virgindade"[53], mas se dirige a um raciocínio bastante distinto. Como argumenta Fanon:

> Sob a ocupação alemã, os franceses permaneceram sendo homens. Sob a ocupação francesa, os alemães permaneceram sendo homens. Na Argélia, não há somente dominação, mas literalmente a decisão de só ocupar, em resumo, um espaço de terra. Os argelinos, as mulheres de haique, os palmeirais e os camelos formam o panorama, o pano de fundo *natural* da presença humana francesa.[54]

A animalização demonizadora e monstrificante do *negro*, do índio, do árabe tem como função política divinizar o branco – o Ocidente, a Europa e, em decorrência, as relações capitalistas de produção – em uma espécie de teodiceia eurocêntrica[55]. Para Fanon, todavia, há um alto custo a pagar: em um artigo brilhante intitulado "Pacto edípico e pacto social", Hélio Pellegrino argumenta que a ruptura com o pacto social, que caracteriza o caso brasileiro desde

---

conduta, se pretendesse participar na comunidade cultural. Estes preceitos, muitas vezes rigorosíssimos, exigiam muito dele: uma ampla autolimitação e uma acentuada renúncia à satisfação das pulsões. Estava-lhe sobretudo proibido servir-se das extraordinárias vantagens que o uso da mentira e do engano proporcionam na luta com os outros homens"; Sigmund Freud, *Escritos sobre a guerra e a morte* (Covilhã, Universidade de Beira Interior, 2009), p. 5.

53 Sigmund Freud, "O tabu da virgindade", em *Obras psicológicas completas de Sigmund*, v. 11 (Rio de Janeiro, Imago, 1996).

54 Frantz Fanon, *Os condenados da terra*, cit., p. 252.

55 Deivison M. Faustino, "Notas introdutórias sobre 'Filosofia Africana' e o humanismo pós-colonial de Lewis Gordon", *Entreletras*, v. 9, n. 1, jan.-jun. 2018, p. 46-65; disponível on-line.

a sua fundação colonial, "pode implicar a ruptura, ao nível do inconsciente, com o pacto edípico" em sua representação de Lei da Cultura, resultando, portanto, em uma destruição "[d]o mundo interno, [d]o significante paterno, [d]o Nome do Pai, e em consequência [d]o lugar da lei". Prossegue o autor: "Um tal desastre psíquico vai implicar o rompimento da barreira que impedia – em nome da Lei – a emergência dos impulsos delinquenciais pré-edípicos. Assistimos a uma verdadeira volta ao recalcado. Tudo aquilo que ficou reprimido – ou suprimido – em nome do pacto com o pai vem à tona, sob forma de conduta delinquente e antissocial"[56].

Uma postura possível, talvez mais confortável e mais distante de uma honesta proposta psicanalítica, é aplicar esse diagnóstico às classes populares, patologizando justamente as reações daqueles cuja humanidade foi colocada sob suspeita pelos históricos aparatos coloniais. O convite de Frantz Fanon vai na direção oposta: para ele, não é possível desumanizar alguém sem perder a própria humanidade. Nesse sentido, ao desumanizar o *outro* que não reconhecia como semelhante, autorizando dentro de si qualquer tipo de violência, foi justamente o branco – mas também as classes dominantes que emergiram nesse capitalismo de via colonial – que perdeu a própria humanidade. Para Fanon, o delinquente antissocial é o branco, o humanista, o democrata, o liberal ou o esquerdista que gozam direta ou indiretamente da violência colonial mesmo quando não se reconhecem nela ou a "repudiam" performaticamente, sem, contudo, se levantarem contra os seus benefícios e privilégios[57]. Tal análise permite

---

[56] Hélio Pellegrino, "Pacto edípico e pacto social (da gramática do desejo à sem-vergonhice brasílica)", *Folhetim* da *Folha de S.Paulo*, set. 1983; disponível on-line.

[57] Em *Pele negra, máscaras brancas*, Fanon afirma: "Sim, a civilização europeia e seus representantes mais qualificados são responsáveis

construir as resistências possíveis que dão a ver o furo, a lacuna, existente em todo ato de governar e de regular as civilizações.

O tempo, o espaço e o duplo mal-estar na civilização

Ao afirmar que "todo problema humano" deve ser "considerado a partir do tempo"[58], o psiquiatra martinicano argumenta que essas particularidades geográficas são também atravessadas por fatores extrarraciais relacionados ao contexto maior da luta de classes em cada época. Se o colonialismo surge como necessidade histórica da expansão geográfica e consolidação mundial das relações capitalistas de produção, o desenvolvimento do capitalismo foi resultando, ao longo do tempo em suas diversas fases

---

pelo racismo colonial", não apenas aqueles que o defenderam, mas também os que fecharam os olhos para a incontornável existência no complexo de complexos que conforma a sociabilidade capitalista. Depois dessa afirmação, cita o indigesto poeta Aimé Césaire: "E então, um belo dia, a burguesia é despertada por um terrível ricochete: as gestapos afadigam-se, as prisões enchem-se, os torcionários inventam, requintam, discutem em torno dos cavaletes. As pessoas espantam-se, indignam-se. Dizem: 'Como é curioso! Ora! É o nazismo, isso passa!'. E aguardam, e esperam; e calam em si próprios a verdade - que é uma barbárie, mas a barbárie suprema, a que coroa, a que resume a quotidianidade das barbáries; que é o nazismo, sim, mas que antes de serem as suas vítimas, foram os cúmplices; que o toleraram, esse mesmo nazismo, antes de o sofrer, absolveram-no, fecharam-lhe os olhos, legitimaram-no, porque até aí só se tinha aplicado a povos não europeus; que o cultivaram, são responsáveis por ele, e que ele brota, rompe, goteja, antes de submergir nas suas águas avermelhadas de todas as fissuras da civilização ocidental e cristã"; Frantz Fanon, *Pele negra, máscaras brancas*, cit., p. 105.

[58] Ibidem, p. 27.

particulares e formatos sociometabólicos, em certa alteração nas dinâmicas sociais em cada sociedade colonial.

A violência total do escravismo e o racismo religioso a ela implícita, própria da fase primitiva de acumulação mercantil de capitais[59], foi se sofisticando, ao longo do século XIX, ao ser revestida com ares cientificistas na fase imperial-monopolista da acumulação financeirizada, quando a escravidão já havia sido abolida na maior parte das colônias modernas. As relações capitalistas de produção que ali se instalavam, entretanto, só poderiam ser consolidadas a partir da superexploração racializada do trabalho e da submissão total do trabalho excedente autóctone aos interesses metropolitanos[60]. Nesse estágio, o racismo, que até então se pautava pela afirmação da "existência de grupos humanos sem cultura", é substituído por uma noção de "culturas hierarquizadas"[61] segundo a qual o colonizado é pensado como um primitivo intelectual e emocional congênito:

> Tais afirmações [o racismo religioso], brutais e maciças, deram lugar a uma argumentação mais fina. Aqui e ali, contudo, aparecem algumas ressurgências. É assim que a "instabilidade emocional do negro", "a integração subcortical do árabe", "a culpabilidade quase genérica do judeu" são dados que encontramos em alguns autores contemporâneos. A monografia de J. Carothers, por exemplo, patrocinada pela OMS, apresenta, a partir de "argumentos científicos", uma lobotomia fisiológica do negro africano.[62]

Entretanto, com a constrangedora publicidade dos crimes nazistas – produzidos em nome de epistemes e

---

59 Karl Marx, *O capital*, Livro I, cit.

60 Kwame Nkrumah, *Neocolonialismo: último estágio do imperialismo* (trad. Maurício C. Pedreira, Rio de Janeiro, Civilização Brasileira, 1967).

61 Frantz Fanon, *Por uma revolução africana*, cit., p. 69.

62 Ibidem, p. 70.

práticas pseudocientíficas que todas as nações ocidentais, aliadas ou rivais, partilhavam –, a noção eugênica da raça não poderia mais ser defendida em público, o que deu lugar a uma nova forma de classificação e exclusão, o "racismo cultural". O objeto desse novo racismo já não pode mais ser "o homem particular, mas uma certa forma de existir. No limite, fala-se de mensagem, de estilo cultural"[63]. Substitui-se a raça pela etnia sem, contudo, romper com o eurocentrismo que fundamenta a construção de ambos os conceitos:

> A lembrança do nazismo, a miséria comum de homens diferentes, a submissão comum de grupos sociais importantes, o aparecimento de "colônias europeias", ou seja, a instituição de um regime colonial no próprio território europeu, a tomada de consciência dos trabalhadores nos países colonizadores e racistas, a evolução tecnológica – tudo isso alterou profundamente a face do problema. [A partir daí] é preciso buscar, no nível da cultura, as consequências desse racismo.[64]

As categorias-chave e o diagnóstico da psicanálise – como também, poderíamos acrescentar, do marxismo, do existencialismo etc. – aplicadas à sociedade europeia podem ser redimensionadas levando em conta o tempo e o espaço. Nessa direção, Fanon se pergunta por que os "melhores representantes" da crítica à sociabilidade burguesa, tida como universal, não incluíram a sociabilidade colonial em suas análises. Essa pergunta é incômoda porque, como já foi argumentado antes, a configuração colonial não se restringe à violência bruta nos territórios colonizados, mas materializa-se também por um sofisticado discurso de homem e de sujeito que nunca é estendido – é apenas

---

63 Ibidem, p. 71.

64 Idem.

imposto – aos povos colonizados e suas experiências culturais e sociais particulares. Ao mesmo tempo, a universalização das relações de produção e o domínio global da *produção de mais-valor como finalidade única* não dissolveram – ao contrário, intensificaram e sofisticaram – as diferenciações racializadas criadas no contexto colonial. Para além disso, não foi apenas o racismo que seguiu desenvolvendo-se e aperfeiçoando-se ao sabor amargo das novas necessidades de acumulação.

Se o contexto de lutas independentistas e consolidação de burguesias nacionais mais ou menos autônomas nas colônias analisado por Fanon remete a meados do século XX, nas Américas os processos de independência política remontam ao século anterior. Essas independências, no entanto, não foram acompanhadas – na maioria das vezes – por revoluções sociais que pudessem redefinir as relações sociais, os pactos e, sobretudo, as hierarquias e estranhamentos sociais já consolidados, resultando em alterações simbólicas que não tocaram nem nas desigualdades sociais históricas, criadas em função da animalização colonial, nem no papel periférico e subserviente que esses territórios ocuparam na divisão internacional do trabalho.

Do ponto de vista da diáspora africana nas Américas, como bem expresso pelo caso brasileiro, o resultado foi a inserção subordinada de grupos racializados nas relações de produção capitalistas urbano-industriais, sem as possibilidades materiais e simbólicas de dissolução das antigas barreiras raciais. Ao contrário, a manutenção conjunta do racismo e de uma certa xenofilia invertida que valoriza o estrangeiro – desde que seja europeu ou estadunidense – em detrimento do nacional foi aperfeiçoada como premissa necessária à consolidação das classes[65]. Assim, os filhos ilegítimos de um projeto de Estado Nacional

---

65 Clóvis Moura, *Sociologia do negro brasileiro* (São Paulo, Perspectiva, 2020).

congenitamente desigual e excludente, filhos cujos pais escravizados e animalizados construíram um país sem serem considerados parte dele, entram na ordem do trabalho livre duplamente destituídos: por um lado, das prerrogativas cidadãs da política, da ética e da estética que sustentam o pacto contratualista da dominação capitalista; por outro lado, das possibilidades modernas da individuação.

Essa dupla destituição ocorre tanto porque o racismo implica no aprisionamento destes grupos (por gerações) entre os segmentos mais precarizados e marginalizados da sociedade desigual, quanto porque a racialização atua como a redução sistemática do indivíduo objetificado às fantasias significantes criadas em torno da sociedade colonial.

O indivíduo colonizado vive o mal-estar da civilização, partilhado suprarracialmente ao encontrar-se cindido de si mesmo em uma sociabilidade na qual tanto o desenvolvimento das forças produtivas quanto a individuação operam de maneiras estranhas na ordem do capital[66]. Ao mesmo tempo, vê sua individualidade sistematicamente confrontada com a experiência da racialização:

> "Negro imundo!" Ou simplesmente: "Olhe, um negro!". Vim ao mundo preocupado em suscitar um sentido nas coisas, minha alma cheia do desejo de estar na origem do mundo, e eis que me descubro objeto em meio a outros objetos. Encerrado nessa objetividade esmagadora, supliquei a outro alguém. Seu olhar libertador, deslizando sobre o meu corpo subitamente livre de asperezas, restituiu em mim uma leveza que eu acreditava perdida e, afastando-me do mundo, devolveu-me ao mundo. Mas, lá, tropecei já na contravertente, e o outro, por meio de gestos, atitudes, olhares,

---

[66] György Lukács, *Para uma ontologia do ser social*, v. 2 (trad. Nélio Schneider, Ivo Tonet e Ronaldo Vielmi Fortes, São Paulo, Boitempo, 2013).

fixou-me, como se fixa um corante com um estabilizador. Eu me enfureci, exigi uma explicação... Nada adiantou. Explodi. Eis aqui os estilhaços recolhidos por um outro eu.[67]

* * *

Em síntese, trata-se de alertar que a existência desse *duplo mal-estar*, já nomeado por W. E. B. Du Bois[68] no início do século XX como *dupla consciência*, resulta em formas de sofrimento psíquico nem sempre escutadas pelas várias disciplinas que compõem o campo da saúde mental. Nesse contexto, as pessoas objetificadas pela racialização são vistas como monstros abusáveis ou matáveis. Ao buscar no vínculo com o outro (seu olhar, afeto, desejo, empatia etc.) a validade da própria existência, recebem de volta, na maioria das vezes, não a reciprocidade hegeliana – que reveza, mesmo que performaticamente, o lugar de sujeito e objeto –, mas sim a monstrificação racializada engendrada no seio da sociabilidade colonial.

Para Fanon, a pessoa que é vítima de uma violência sistemática e inferiorizante tende a "epidermizar"[69] a imagem fetichizada que se criou a seu respeito, passando a lidar consigo mesmas de forma negativa e, por vezes, agressiva, defendendo-se, ao mesmo tempo, de um mundo que pode lhe hostilizar a qualquer momento, mas também de si mesma, tornada ruim, feia, falsa. Por essa razão, ao recorrer à psicanálise, afirma que o negro é um "fobígeno"[70], ou seja, alguém que em geral não está em casa, em nenhum lugar que esteja, nem mesmo na própria casa, nem mesmo diante do próprio corpo ou de si:

---

67 Frantz Fanon, *Pele negra, máscaras brancas*, cit., p. 125.

68 W. E. B. Du Bois, *As almas da gente negra* (trad. Heloisa Toller Gomes, Rio de Janeiro, Lacerda, 1999).

69 Frantz Fanon, *Pele negra, máscaras brancas*, cit., p. 25.

70 Ibidem, p. 166.

> Então nos coube enfrentar o olhar branco. Um peso fora do comum passou a nos oprimir. O mundo real disputava o nosso espaço. No mundo branco, o homem de cor encontra dificuldades na elaboração do seu esquema corporal. O conhecimento do corpo é uma atividade puramente negacional. É um conhecimento em terceira pessoa. Ao redor do corpo, reina uma atmosfera de clara incerteza. Eu sei que, se quiser fumar, precisarei esticar o braço direito para alcançar o maço de cigarros que está na outra ponta da mesa. Os fósforos, por sua vez, estão na gaveta da esquerda; precisarei recuar um pouco. E todos esses gestos, eu os faço não por hábito, mas por um conhecimento implícito. Lenta construção do meu eu enquanto corpo no interior de um mundo espacial e temporal, parece ser esse o esquema. Ele não se impõe a mim, é em vez disso uma estruturação definitiva do eu e do mundo – definitiva, porque se estabelece uma dialética efetiva entre meu corpo e o mundo.[71]

A racialização resulta em uma monstrificação que anula as possibilidades de serem vistos como sujeitos de direitos e, sobretudo, objetos de empatia, sem também deixar de cobrar deles as *performances* e os deveres da cidadania burguesa. Esses sujeitos não deixam de ser atravessados pelos elementos sociais que engendram, de um lado, um crescente processo de individualização e desencantamento do mundo e, por outro lado, a sensação de cisão do indivíduo consigo mesmo, que configura o mal-estar descrito por Freud.

Portanto, o racismo *neocolonial* implica não a dissolução do velho *mal-estar colonial*, mas o nascimento de uma anomalia: o *mal-estar colonial* se desdobra em um *duplo mal-estar*, que também não deixa de ser afetado pelas marcas do tempo e do espaço. Por isso, Fanon afirma:

---

[71] Ibidem, p. 126.

> Enquanto o negro estiver em seu lar, não precisará, exceto por ocasião de lutas internas de menor gravidade, pôr seu ser à prova de outrem. É óbvio que existe o momento de "ser para o outro", de que fala Hegel, mas qualquer ontologia se torna irrealizável em uma sociedade colonizada e civilizada. Isso parece não ter recebido atenção suficiente daqueles que escreveram sobre a questão. Existe, na *Weltanschauung* de um povo colonizado, uma impureza, uma tara que impugna qualquer explicação ontológica. Talvez possam objetar que o mesmo acontece a qualquer indivíduo, mas isso significaria mascarar um problema fundamental. A ontologia, quando se admite de uma vez por todas que ela deixa de lado a existência, não nos permite compreender o ser do negro. Pois o negro já não precisa ser negro, mas precisa sê-lo diante do branco. Alguns teimarão em nos lembrar de que a situação tem duplo sentido. Respondemos que isso é falso. O negro não tem resistência ontológica aos olhos do branco. Os negros, de um dia para o outro, passaram a ter dois sistemas de referência em relação aos quais era preciso se situar. Sua metafísica, ou, menos pretensiosamente, seus costumes e as instâncias às quais remetem foram abolidos, pois estavam em contradição com uma civilização que eles desconheciam e que lhes foi imposta.[72]

Esse duplo mal-estar produz, a seu turno, um duplo estranhamento que, por um lado, objetifica e violenta sistematicamente, deixando de reconhecer determinadas pessoas como sujeitos. Numa sociabilidade racista, o negro, o indígena ou o palestino, como objetos, não são reconhecido em sua humanidade genérica e nem em sua singularidade individual. Por outro lado, essa interdição social do reconhecimento resulta em uma subjetividade cindida pelo olhar desumanizador do outro. Se o sujeito não é reconhecido como tal pelo laço social que o compõe,

---

[72] Ibidem, p. 125.

não pode reconhecer a si mesmo como sujeito e, por isso, a consciência de si, já cindida pelo mal-estar moderno, converte-se agora em atividade de autonegação consciente e, principalmente, inconsciente. Enquanto isso, sua fala não será considerada. Por essa razão, Gayatri C. Spivak[73] levanta a pujante questão: "Pode o subalterno falar?". Tal questão nos incita a considerar os enclausuramentos epistemológicos hegemônicos da escuta quando o outro permanece no lugar da submissão, mas aqui propomos uma inversão, porque a história de lutas antirracistas em toda parte mostra que esse sujeito objetificado nunca deixou de falar e disputar, pelos meios disponíveis, os significantes presentes na linguagem. A pergunta, talvez, seja outra: pode o subalterno ser escutado? Qual escuta a clínica tem oferecido às dores advindas do racismo e da discriminação sistemática?

Referências

BARBOSA, Muryatan S. A atualidade de Frantz Fanon: acerca da configuração colonialista. In: CARVALHO FILHO, Silvio de Almeida; NASCIMENTO, Washington Santos (orgs.). *Intelectuais das Áfricas*. Campinas, Pontes, 2018.

CHASIN, J. *Marx*: estatuto ontológico e resolução metodológica. São Paulo, Boitempo, 2009.

DAVID, Emiliano de Camargo. *Saúde mental e racismo*: a atuação de um Centro de Atenção Psicossocial II Infantojuvenil. Mestrado em psicologia social, São Paulo, Programa de Estudos Pós-Graduados em Psicologia Social da PUC-SP, 2018.

DIAS, Jussara; SILVA, Maria Lúcia da. Por uma clínica interventiva contra o racismo. In: SILVA, Maria Lúcia da et al. (orgs.). *Violência e sociedade*: o racismo como estruturante da sociedade e da subjetividade do povo brasileiro. São Paulo. Clínica do

[73] Gayatri C. Spivak, "Can the Subaltern Speak?", em Cary Nelson e Lawrence Grossberg (orgs.), *Marxism and the Interpretation of Culture* (Londres, Macmillan, 1988), p. 271-313.

Testemunho – Centro de Estudos em Reparação Psíquica – Instituto Sedes Sapientiae e Instituto Amma Psiquê e Negritude, Escuta, 2018.

DU BOIS, W. E. B. *As almas da gente negra*. Trad. Heloisa Toller Gomes, Rio de Janeiro, Lacerda, 1999.

ELIAS, Norbert. *O processo civilizador*, v. 1: *Uma história dos costumes*. Rio de Janeiro, Jorge Zahar, 1990.

______. *O processo civilizador*, v. 2: *Formação do Estado e civilização*. Rio de Janeiro, Jorge Zahar, 1993.

ESTÊVÃO, Ivan Ramos. *Sobre a universalidade da psicanálise*: um estudo da teoria freudiana do complexo de Édipo. São Paulo, Escuta, 2017.

FANON, Frantz. *Pele negra, máscaras brancas*. Trad. Sebastião Nascimento e Raquel Camargo, São Paulo, Ubu, 2020

______. *Por uma revolução africana*: textos políticos. Trad. Carlos Alberto Medeiros, Rio de Janeiro, Zahar, 2021.

______. *Os condenados da terra*. Trad. Ligia Ferreira Fonseca e Regina Salgado Campos, Rio de Janeiro, Zahar, 2022.

FAUSTINO, Deivison M. *Frantz Fanon*: um revolucionário, particularmente negro. 1. ed. São Paulo, Ciclo Contínuo, 2018.

______. Frantz Fanon: capitalismo, racismo e a sociogênese do colonialismo. *Revista SER Social*, v. 20, n. 42, jan.-jun. 2018, p. 148-63.

______. Notas introdutórias sobre "Filosofia Africana" e o humanismo pós-colonial de Lewis Gordon. *Entreletras*, v. 9, n. 1, jan.-jun. 2018, p. 46-65.

______. *A disputa em torno de Frantz Fanon*: a teoria e a política dos fanonismos contemporâneos. São Paulo, Intermeios, 2020.

______. Posfácio. In: FANON, Frantz. *Pele negra, máscaras brancas*. Trad. Sebastião Nascimento e Raquel Camargo, São Paulo, Ubu, 2020.

______. Notas sobre a sociogenia, o racismo e o sofrimento psicossocial no pensamento de Frantz Fanon. *Revista Eletrônica Interações Sociais*, v. 4, 2020, p. 10-21.

______; OLIVEIRA, Maria Clara de. Frantz Fanon e as máscaras brancas da saúde mental: subsídios para uma abordagem psicossocial. *Revista da ABPN*, v. 12, ed. especial, out. 2020, p. 6-26. Disponível em: <https://abpnrevista.org.br/site/article/view/1110>; acesso em: 26 maio 2021.

FOLBERG, Maria N. Cultura, mal-estar e psicanálise. *Arquivos Brasileiros de Psicologia*, Rio de Janeiro, v. 39, n. 2, abr./jun. 1987, p. 18-28.

FREUD, Sigmund. *La afasia*. Trad. Ramón Alcade, Buenos Aires, Nueva Visión, 1973.

______. Tabú de la virginidad. *Obras completas*, v. 11. Buenos Aires, Amorrortu, 1976.

______. *A sexualidade na etiologia das neuroses*. Rio de Janeiro, Delta, 1986.

______. *A Phylogenetic Fantasy*: Overview of the Transference Neuroses. Org. Ilse Grubrich-Simitis, trad. Axel Hoffer e Peter T. Hoffer, Londres, The Belknap, 1987.

______. Prólogo y notas de la traducción de J.-M. Charcot, Leçons du mardi de la Salpêtrière. In: *Obras completas*: Sigmund Freud, v. 1. Buenos Aires, Amorrortu, 1988, p. 163-78.

______. Un caso de curación por hipnosis. In: *Obras completas*: Sigmund Freud, v. 1. Buenos Aires, Amorrortu, 1988, p. 147-62.

______. Estudios sobre la histeria. In: *Obras completas*: Sigmund Freud, v. 2. Buenos Aires, Amorrortu, 1988.

______. Charcot. In: *Obras completas*: Sigmund Freud, v. 3. Buenos Aires, Amorrortu, 1988, p. 7-24.

______. Las neuropsicosis de defensa. In: *Obras completas*: Sigmund Freud, v. 3. Buenos Aires, Amorrortu, 1988, p. 41-68.

______. Tres ensayos de teoría sexual. In: *Obras completas*: Sigmund Freud, v. 6. Buenos Aires, Amorrortu, 1988, p. 109-224.

______. Moral sexual "civilizada" e doença nervosa moderna. In: *Obras psicológicas completas de Sigmund Freud*, v. 9. Rio de Janeiro, Imago, 1996.

______. O mal-estar na civilização. In: *Obras psicológicas completas de Sigmund Freud*, v. 21. Rio de Janeiro, Imago, 1996.

______. Por que a guerra? In: *Obras psicológicas completas de Sigmund Freud*, v. 22. Rio de Janeiro, Imago, 1996.

______. Totem e tabu. In: *Obras psicológicas completas de Sigmund Freud*, v. 13. Rio de Janeiro, Imago, 1996.

______. O futuro de uma ilusão. In: *Obras psicológicas completas de Sigmund Freud*, v. 21. Rio de Janeiro, Imago, 1996.

______. *Escritos sobre a guerra e a morte*. Covilhã, Universidade de Beira Interior, 2009.

______. *Psicologia das massas e análise do eu*. Trad. Renato Zwick, Porto Alegre, L&PM, 2019.

HENRY, Paget. *Caliban's Reason*: Introducing Afro-Caribbean Philosophy. Nova York, Routledge, 2000.

KOSIK, Karel. *Dialética do concreto*. Trad. Célia Neves e Alderico Toríbio, Rio de Janeiro, Paz e Terra, 1969.

LOSURDO, Domenico. *A linguagem do império*: léxico da ideologia estadunidense. Trad. Jaime A. Clasen, São Paulo, Boitempo, 2010.

LUKÁCS, György. *Ontologia do ser social*: os princípios ontológicos fundamentais de Marx. Trad. Carlos Nelson Coutinho, São Paulo, Livraria Editora Ciências Humanas, 1979.

______. *Para uma ontologia do ser social*, v. 2. Trad. Nélio Schneider, Ivo Tonet e Ronaldo Vielmi Fortes, São Paulo, Boitempo, 2013.

MARTINS, Edna; SANTOS, Alessandro de Oliveira dos; COLOSSO, Marina. Relações étnico-raciais e psicologia: publicações em periódicos da SciELO e Lilacs. *Psicologia: Teoria e Prática* (on-line), v. 15, n. 3, dez. 2013, p. 118-33.

MARX, Karl. *Contribuição à crítica da economia política*. Trad. Maria Helena Barreiro Alves, São Paulo, Martins Fontes, 2003.

______. *O capital*: crítica da economia política, Livro I: *O processo de produção do capital*. Trad. Rubens Enderle, São Paulo, Boitempo, 2013.

______. *Para a crítica da economia política*. Trad. Nélio Schneider, São Paulo, Boitempo, 2024.

______; ENGELS, Friedrich. *A ideologia alemã*. Trad. Luciano Cavini Martorano, Nélio Schneider e Rubens Enderle, São Paulo, Boitempo, 2007.

MBEMBE, Achille. *Crítica da razão negra*. Trad. Sebastião Nascimento, São Paulo, n-1, 2018.

______. *Necropolítica*: biopoder, soberania, estado de exceção, política da morte. 3. ed., trad. Renata Santini, São Paulo, n-1, 2018.

MEZAN, Renato. *Freud, pensador da cultura*. São Paulo, Brasiliense, 1997.

MOURA, Clóvis. *Sociologia do negro brasileiro*. São Paulo, Perspectiva, 2020.

NKRUMAH, Kwame. *Neocolonialismo*: último estágio do imperialismo. Trad. Maurício C. Pedreira, Rio de Janeiro, Civilização Brasileira, 1967.

PASSOS, Rachel Gouveia. Frantz Fanon, reforma psiquiátrica e luta antimanicomial no Brasil: o que escapou nesse processo? *Sociedade em Debate*, v. 25, n. 3, 2019, p. 74-88.

PELLEGRINO, Hélio. Pacto edípico e pacto social (da gramática do desejo à sem-vergonhice brasílica). *Folhetim* da *Folha de São Paulo*, set. 1983. Disponível em: <https://edisciplinas.usp.br/pluginfile.php/5638230/mod_resource/content/1/Pellegrino%20-%20Pacto%20ed%C3%ADpico%20e%20pacto%20social.pdf>; acesso em: 2 jul. 2021.

PINHEIRO, Clara Virginia de Q.; LIMA, Celina Peixoto; OLIVEIRA, Débora Passos de. Sobre as relações entre o sexual e o mal-estar na civilização: uma discussão acerca das perspectivas freudianas. *Psicologia Clínica* (on-line), v. 18, n. 2, 2006, p. 37--48. Disponível em: <http://www.scielo.br/scielo.php?script=sci_arttext&pid=S0103-56652006000200004&lng=en&nrm=iso>; acesso em: 22 abr. 2025.

RANIERI, Jesus. *A câmara escura*: alienação e estranhamento em Marx. São Paulo, Boitempo, 2001.

RIO DE JANEIRO (Estado), Defensoria Pública do. *Direitos humanos, saúde mental e racismo*: diálogos à luz do pensamento de Frantz Fanon. MAGNO, Patrícia Carlos; PASSOS, Rachel Gouveia (orgs.). Rio de Janeiro, Defensoria Pública do Estado do Rio de Janeiro, 2020.

ROSA, Miriam Debieux. *Psicanálise, política e cultura*: a clínica em face da dimensão sociopolítica do sofrimento. São Paulo, Escuta/Fapesp, 2016.

______; ESTÊVÃO, Ivan Ramos; BRAGA, Ana Paula Musatti. Clínica psicanalítica implicada: conexões com a cultura, a sociedade e a política. *Psicologia em Estudo*, v. 22, n. 3, 2017, p. 359-69.

______; BRAGA, Ana Paula Musatti. Articulações entre psicanálise e negritude: desamparo discursivo, constituição subjetiva e traços identificatórios. *Revista da ABPN*, v. 10, n. 24, nov. 2017-fev. 2018, p. 89-107.

SILVA, Denise Ferreira da. *A dívida impagável*. Trad. Amilcar Packer e Pedro Daher, São Paulo, Forma Certa, 2019.

SPIVAK, Gayatri C. Can the Subaltern Speak? In: NELSON, Cary; GROSSBERG, Lawrence (orgs.). *Marxism and the Interpretation of Culture*. Londres, Macmillan, 1988, p. 271-313.

WINOGRAD, Monah. Freud e a filogenia anímica. *Revista do Departamento de Psicologia da UFF* (on-line), Niterói, v. 19, n. 1, 2007. Disponível em: <https://www.scielo.br/j/rdpsi/a/MDLZpZCR8VpPmrSqmJZGxtb/?lang=pt>; acesso em: 22 abr. 2025.

5.

Homi Bhabha leitor de Frantz Fanon: acerca da prerrogativa pós-colonial e do "Fanon pós-colonial"

Muryatan S. Barbosa

O Fanon de Bhabha

Homi Kharshedji Bhabha é professor da Universidade de Harvard e um dos críticos culturais mais conhecidos no mundo. Nascido em 1949 em Mumbai, Índia, é autor de uma série de livros e artigos destacados nesta área do conhecimento, com destaque para *O local da cultura* (1994). É organizador de outras obras, como *Nação e narração* (1990, organizador) e *Cosmopolitanismo* (2002, coorganizador); e autor de livros, como *O bazar global e o clube dos cavalheiros ingleses* (2011) e *Nuevas minorías, nuevos derechos* (2013).

Seu nome está definitivamente associado ao chamado "pós-colonialismo". É difícil dar uma definição exata do termo, como mostram os debates exaustivos sobre o assunto na literatura especializada. Ania Loomba[1] identifica-o com os autores que construíram análises discursivas sobre a dominação colonial e os legados do colonialismo. Segundo Arif Dirlik, um "grupo" cada vez mais autorreferenciado de intelectuais do "Terceiro Mundo" que teriam ascendido às universidades estadunidenses na década

[1] Ania Loomba, *Colonialism, Postcolonialism* (Londres/Nova York, Routledge, 2005), p. 16.

de 1980, retomando perspectivas pós-estruturalistas de análises[2]. Costuma-se citar, como integrantes desse "grupo", intelectuais como Edward Said (palestino), Gayatri C. Spivak (indiana) e Homi Bhabha (indiano).

O mais conhecido entre eles foi o crítico literário Edward Said, cujo livro *Orientalismo* (1978) obteve considerável repercussão internacional nos anos 1980 e 1990. Essa obra pretendia desconstruir o discurso colonial a partir da metodologia foucaultiana de análise, destacando a compreensão das inter-relações entre saber e poder na modernidade. Para isso, seguindo o caminho aberto pelo sociólogo egípcio Anouar Abdel-Malek[3], realizou uma interpretação da imagem de "Oriente" criada pelos estudos orientalistas, mostrando os estereótipos e mitificações ali presentes.

Os estudos de Homi Bhabha durante os anos 1980 e 1990 – incluídos em *Nação e narração* e *O local da cultura* – tinham por objeto de estudo os efeitos das representações advindas do colonialismo e por modo de interpretação a análise do discurso e das simbologias. Desde então, o reconhecimento aos trabalhos de Said, Bhabha e Spivak transformou-os, gradativamente, em um grupo mais homogêneo de crítica. Muitas vezes, tidos como sinônimo do "pensamento pós-colonial" no início dos anos 1990, como pode-se observar em trabalhos sobre o assunto, a exemplo dos de Bart Moore-Gilbert e Robert Young[4]. Nesse sentido, por consequência, tende-se a identificar

---

2 Arif Dirlik, "A aura pós-colonial na era do capitalismo global", *Novos Estudos Cebrap*, n. 49, 1997, p. 7-32.

3 Anouar Abdel-Malek, "Orientalism in Crisis", *Diogenes*, v. 11, n. 44, 1963, p. 103-40.

4 Bart Moore-Gilbert, *Postcolonial Theory: Contexts, Practices, Politics* (Londres/Nova York, Verso, 1997); Robert Young, *White Mythologies: Writing History and the West* (Londres/Nova York, Routledge, 1990).

o pós-colonialismo, como o fez Aijaz Ahmad[5], como uma tendência secundária do "pós-estruturalismo" e/ou da "desconstrução" francesa, associados às figuras de Michel Foucault, Gilles Deleuze e Jacques Derrida. Uma imagem que, sem dúvida, ajudou a criar certa aura em torno do "pós-colonialismo", pois as décadas de 1980 e 1990 foram o período de consagração de tais filósofos franceses no mundo anglófono, em particular nos Estados Unidos[6]. Ademais, como bem diz Arif Dirlik[7], esse "grupo" pós-colonial, com sua retórica pós-fundacional, teria se consagrado rapidamente porque, direta ou indiretamente, opunha-se ao suposto essencialismo dos discursos nacionalistas e "racialistas" (pan-africanismo, pan-arabismo, pan-asiatismo) dos anos 1950 e 1960, promovidos por intelectuais "terceiro-mundistas" da geração da Conferência de Bandung (1955). Uma colocação a que, penso eu, podem-se acrescentar outros "pós-colonialistas" consagrados nos Estados Unidos e na Europa, como Stuart Hall, Kwame Appiah, Paul Gilroy e Achille Mbembe.

---

5 Aijaz Ahmad, *Linhagens do presente: ensaios* (trad. Sonia Guardini Vasconcelos, São Paulo, Boitempo, 2002).

6 A difusão posterior do termo pós-colonial (pós-2000) para outras áreas do conhecimento, para além da crítica literária e dos estudos culturais, tornou esta correlação originária (pós-estruturalismo e pós-colonialismo) cada vez mais problemática e complexa. Seria um tanto simplório defender o mesmo argumento hoje. Mas ele era essencialmente correto na época em que Young, Dirlik e Ahmad escreveram. Embora seja verdade que, mesmo lá, ele tinha que ser relativizado se a referência de "pós-colonialismo" fosse o Grupo de Estudos Subalternos do Sul da Ásia. Escrevi sobre isso em: Muryatan S. Barbosa, "A crítica pós-colonial no pensamento indiano contemporâneo", *Afro-Ásia*, Salvador, n. 39, 2009, p. 55-77. Ver também Vinayak Chaturvedi (org.), *Mapping Subaltern Studies and the Postcolonial* (Londres/Nova York, Verso, 2000).

7 Arif Dirlik, "A aura pós-colonial na era do capitalismo global", cit., p. 9 seg.

A relação íntima entre o pós-colonialismo e o pós-estruturalismo, entre os anos 1980 e 1990, possibilitou uma série de investigações no âmbito das ideias. Robert Young, por exemplo, destacou um Homi Bhabha leitor de Foucault. Dentro desse escopo geral de análise, mas enfatizando um lado mais criativo desse tipo de apropriação intelectual, este ensaio ocupa-se da ligação que Bhabha procurou estabelecer entre o seu pensamento e o do martinicano Frantz Fanon, intelectual orgânico dos movimentos de descolonização na África.

Examinar tal relação não é algo inédito. O próprio Bhabha colocou-se como um dos herdeiros de Fanon em um ensaio de 1986, escrito como prefácio à reedição de um importante livro deste: *Pele negra, máscaras brancas* (1952). O texto é "Relembrando Fanon: o Eu, a psique e a condição colonial" (1986). Essa leitura de Bhabha sobre Fanon foi alvo de comentários de críticos culturais, como Henry Louis Gates Jr. e Robert Young[8]. Em *O local da cultura* Bhabha retoma sua leitura do pensamento de Fanon. Tal interpretação foi analisada por outros intelectuais, como Stuart Hall, Benita Parry, Neil Lazarus e Neil Larsen[9]. Por fim, em 1996, em uma publicação conjunta sobre a obra de Fanon,

---

[8] Henry Louis Gates Jr., "Critical Fanonism", *Critical Inquiry*, n. 17, 1991, p. 457-70; Robert Young, *White Mythologies*, cit.

[9] Stuart Hall, "The Afterlife of Frantz Fanon: Why Fanon? Why Now? Why *Black Skin, White Masks*?", em Alan Read (org.), *The Fact of Blackness: Frantz Fanon and Visual Representation* (Seattle/Londres, Bay/Institute of Contemporary Arts, 1996), p. 12-37; Benita Parry, *Postcolonial Studies: A Materialist Critique* (Londres, Routledge, 2004); Neil Lazarus, *Nationalism and Cultural Practice in the Postcolonial World* (Cambridge, Cambridge University Press, 1999); Neil Larsen, "DetermiNation: Postcolonialism, Poststructuralism and the Problem of Ideology", em Fawzia Afzal-Khan e Kalpana Seshadri-Crooks (orgs.), *The Pre-occupation of Postcolonial Studies* (Durham/Londres, Duke University Press, 2000), p. 141-56.

Bhabha retoma sua argumentação central no artigo "Day by Day... with Frantz Fanon" [Dia após dia... com Frantz Fanon], publicado em um livro organizado por Alan Read[10].

A originalidade do presente ensaio está mais em seu viés interpretativo do que no assunto em si. Isso porque, ao analisar a leitura de Bhabha sobre Fanon, diferentemente do que foi feito pela maioria dos seus comentadores, buscar-se-á fazê-lo orientado pelo que o próprio Bhabha indica como sendo o cerne de sua releitura: a prerrogativa pós-colonial. Por isso, em vez de se buscar, nesta investigação, estabelecer uma verdade essencial na leitura de Fanon, ir-se-á, pelo contrário, explicitar a lógica argumentativa desta releitura de Bhabha, destacando sua argumentação em *O local da cultura*. Os demais textos – a saber, "Relembrando Fanon: o Eu, a psique e a condição colonial" e "Day by Day... with Frantz Fanon" – aparecerão circunstancialmente.

O local da cultura é um livro majoritariamente composto de artigos escritos por Bhabha para revistas especializadas entre fins dos anos 1980 e início dos 1990. Dos onze capítulos, oito têm essa origem. Outros três capítulos foram escritos especificamente para o livro. As ideias de Fanon são explicitamente analisadas por Bhabha em três capítulos: a) "O compromisso com a teoria"; b) "Interrogando a identidade"; e c) "Raça, tempo e revisão da modernidade".

A primeira citação explícita que Bhabha faz de Fanon vem na epígrafe do livro, na qual se lê a seguinte frase: "Todo problema humano deve ser considerado do ponto

---

10 Homi Bhabha, "Day by Day... with Frantz Fanon", em Alan Read, *The Fact of Blackness*, cit., p. 186-205. Para uma atualização desse e de outros debates sobre os legados de Fanon e os fanonismos, ver Deivison M. Faustino, *A disputa em torno de Frantz Fanon: a teoria e a política dos fanonismos contemporâneos* (São Paulo, Intermeios, 2020) e *Frantz Fanon e as encruzilhadas: teoria, política e subjetividade* (São Paulo, Ubu, 2022).

de vista do tempo". Essa frase de Fanon pode significar várias coisas. Bhabha não a explica, mas a aplica ao seu modo, já na introdução do livro, quando busca dar um embasamento teórico que fundamente e justifique a coesão dos textos ali reunidos. Ali, ele diz que se estaria hoje em um momento novo da experiência humana, em que a desfiguração das identidades fixas da modernidade (classe, gênero, raça etc.) deslocaria a questão da cultura para um espaço projetivo do "além"[11]. Daí o pós-colonialismo, a pós-modernidade etc.

O prefixo "pós", para Bhabha, marcaria a emergência dos discursos de interstícios no embate cultural, implicando sobreposição e deslocamento do domínio da diferença. Neste, quanto mais desconfigurada a tradição recebida pelas gerações passadas, mais as diferenças seriam redefinidas e negociadas, conforme as novas "relações constitutivas"[12]. Segundo Bhabha, uma das consequências importantes desse fato diz respeito às percepções identitárias na contemporaneidade. Antes restritas às lógicas binárias e fixas da modernidade, as identidades de "hoje" estariam cada vez mais fluidas e transitórias, características de uma época de mobilidade das populações: migrações, diásporas, exílios etc.

Diz Bhabha que essa nova percepção da diferença teria uma potencialidade inerente, que seria naturalizar nos agentes uma prática salutar de hibridismo cultural, que acolheria a diferença sem uma hierarquia suposta ou imposta. Por isso, nesse ponto, a busca por reconhecimento,

---

11 Para Bhabha, este "além" deve ser entendido como espaço intermédio, algo que se forja na potencialidade do agora, no presente. Não seria, portanto, um elemento do futuro. Ver Homi Bhabha, *O local da cultura* (trad. Myriam Ávila, Eliana Lourenço de Lima Reis e Gláucia Renate Gonçalves, Belo Horizonte, Editora da UFMG, 1998), p. 27.

12 Ibidem, p. 19-21.

que marcaria a percepção identitária, seria mais performática e estratégica do que essencialista como outrora. Isso não significa, todavia, o abandono dos discursos identitários anteriores, mas sua ressignificação, conforme a transitoriedade e hibridez do presente[13].

É a partir dessa visão do embate cultural na contemporaneidade, seu principal argumento em todo o livro, que Bhabha busca referendar sua releitura de Frantz Fanon. A tese principal do indiano é a de que Fanon, em sua crítica aos discursos nacionalistas e racialistas (em especial da "negritude") dominantes dos anos 1950, já havia intuído certa característica performática da ação cultural como um ato inerentemente híbrido e projetivo, construído contra o essencialismo identitário. Diz Bhabha:

> Fanon reconhece a importância crucial, para os povos subordinados, de afirmar suas tradições culturais nativas e recuperar suas histórias reprimidas. Mas ele está consciente demais dos perigos da fixidez e do fetichismo das identidades no interior da calcificação de culturas coloniais para recomendar que se lancem "raízes" no romanceiro celebratório do passado ou na homogeneização da história do presente.[14]

E para exemplificar sua interpretação, Bhabha cita trechos de Fanon como o seguinte, de *Pele negra, máscaras brancas*:

> No momento em que desejo, estou pedindo para ser levado em consideração. Não estou meramente aqui-e-agora, selado na coisitude. Sou a favor de outro lugar e de outra coisa. Exijo que se leve em conta minha *atividade negadora* na medida em que persigo algo mais do que a vida, na medida em que de fato batalho pela criação de um mundo humano – que é um mundo de reconhecimentos recíprocos. Eu deveria

13 Ibidem, p. 23-4.

14 Ibidem, p. 29.

> lembrar-me constantemente de que o verdadeiro salto consiste em introduzir a invenção dentro da existência. No mundo em que viajo, estou continuamente a criar-me. E é passando além da hipótese histórica, instrumental, que iniciarei meu ciclo de liberdade.[15]

Sobre essa passagem de Fanon, diz Bhabha:

> Mais uma vez, é o desejo de reconhecimento "de outro lugar e de outra coisa", que leva a experiência da história além da hipótese instrumental. Mais uma vez, é o espaço da intervenção que emerge nos interstícios culturais que introduz a invenção criativa dentro da existência. E, uma última vez, há o retorno à encenação da identidade como iteração, a recriação do eu no mundo da viagem, o restabelecimento da comunidade fronteiriça da migração. O desejo de reconhecimento da presença cultural como "atividade negadora" de Fanon afina-se com minha ruptura da barreira do tempo de um "presente" culturalmente conluiado.[16]

Os termos de Bhabha são um tanto nebulosos[17]: "iteração", "comunidade fronteiriça da migração", "presente

---

15 Frantz Fanon, *Pele negra, máscaras brancas*, citado em Homi Bhabha, *O local da cultura*, cit., p. 29.

16 Homi Bhabha, *O local da cultura*, cit., p. 29.

17 E isso porque, segundo as tradutoras Myriam Ávila, Eliana Lourenço de Lima Reis e Gláucia Renate Gonçalves, houve por parte delas a tentativa de "traduzir" (dentro do possível) a "expressão do autor para uma forma um pouco mais transparente"; Homi Bhabha, *O local da cultura*, cit., p. 9. Muitos se impacientam com o autor. Arif Dirlik, "A aura pós-colonial na era do capitalismo global", cit., p. 11 disse, rispidamente: "o trabalho de Bhabha, no entanto, representa mais do que a terminologia do pós-colonialismo, uma vez que ele provou ser um mestre em mistificação política e obscurecimento teórico, na redução dos problemas sociais e políticos a psicológicos e no uso da manipulação linguística pós-estruturalista em vez da explicação histórica e social – que aparecem em muitos escritos

culturalmente conluiado" etc. Ademais, em uma interessante inversão performática, Bhabha considera que as ideias de Fanon se afinam com as dele... meio século depois! Todavia, mais importante do que isso, sem dúvida, é que, a partir de tal citação, percebe-se que essa "afinação" citada por Bhabha está relacionada com o fato de que para ambos, supostamente, a luta identitária deveria ser percebida como algo fluido, em construção permanente. Bhabha, seguindo Fanon, define essa ideia como uma atividade negadora, que se faz no devir. Uma ação como essência projetiva.

Compreende-se que essa releitura de Fanon por Bhabha, fundada em conceitos como reconhecimento e devir, talvez alimentasse uma interpretação de que suas similitudes se explicariam por uma abordagem dialética dos problemas da identidade. No caso de Fanon, a partir da tradição dialética hegeliana e lacaniana. Algo que fica evidente em *Pele negra, máscaras brancas*, mas torna-se bastante discutível em textos posteriores do autor, como *Os condenados da terra* (1961). Em Bhabha, entretanto, essa visão, não é dialética, pelo menos não é associada à versão hegeliana dessa teoria do conhecimento, sobretudo se tivermos em conta a caracterização lógica que Hegel fez do dilema do reconhecimento entre senhor e escravo na *Fenomenologia do Espírito*. Tal fato fica evidente, por exemplo, quando o crítico indiano, no capítulo "O compromisso com a teoria", explicita que sua interpretação da ação cultural é algo intrinsecamente híbrido, que estaria além da unidade singular ou da dualidade dicotômica (segundo ele, premissa das análises antropológicas e filosóficas do "tipo senhor-escravo"). Isso porque, segundo Bhabha, a cultura deveria ser entendida em sua especificidade como

pós-coloniais, mas raramente com o mesmo virtuosismo (e incompreensibilidade) de Bhabha. Ele é um exemplo de intelectual do Terceiro Mundo que foi totalmente remodelado pela linguagem da crítica cultural do Primeiro Mundo".

diferença cultural, não como uma diversidade geral. Por conseguinte, ele se refere ao fato de que, entendida a partir de uma teoria da significação cultural, a identidade se colocaria na esfera do enunciado, e não na da lógica ou da história. A imprevisibilidade daí decorrente é o que justificaria o entendimento do autor quanto à ação cultural, como um ato potencialmente desestabilizador.

Tal característica transgressora da cultura é outra temática que, mais uma vez, Bhabha entende que o psiquiatra martinicano logrou interpretar. Por isso, aquele diz: "O tempo da libertação de Fanon evoca de maneira muito poderosa um tempo de incerteza cultural e, mais crucialmente, de indecidibilidade significatória ou representacional"[18]. E, para comprovar sua leitura, cita a seguinte passagem de *Os condenados da terra*:

> Mas (os intelectuais nativos) se esquecem de que as formas de pensamento e aquilo de que se alimentam [...], em conjunto com as modernas técnicas de informação, linguagem e vestimenta, reorganizaram dialeticamente as inteligências das pessoas; esquecem-se também de que os *princípios constantes (da arte nacional)*, que atuaram como proteção durante o período colonial, estão passando agora por mudanças extremamente radicais. [Nós] devemos nos unir ao povo nesse movimento flutuante que eles estão *agora* moldando [...] e que será o sinal para que tudo seja posto em questão [...] é para a zona de *instabilidade oculta* onde reside o povo que devemos nos dirigir.[19]

Passagens como essa confirmam a observação de Benita Parry[20] de que, ao citar Fanon, Bhabha busca sem-

---

[18] Homi Bhabha, *O local da cultura*, cit., p. 64.

[19] Frantz Fanon, *Os condenados da terra*, citado em Homi Bhabha, *O local da cultura*, cit., p. 64, grifos de Bhabha.

[20] Benita Parry, *Postcolonial Studies*, cit., p. 34.

pre criar uma imagem do pensamento fanoniano como um antecipador de sua própria abordagem. Mas é importante dizer que Bhabha não vê isso como um problema; ao evocar a referida passagem de Fanon, ele diz explicitamente: "Isto [a enunciação da diferença cultural] exige que repensemos nossa perspectiva sobre a identidade da cultura. Aqui a passagem citada de Fanon – um pouco reinterpretada – pode ser útil"[21].

De fato, a releitura de Bhabha sobre Fanon não busca apenas vê-lo como um antecipador de suas ideias no âmbito da crítica cultural, mas também no da política. O crítico indiano afirma essa visão em passagens como a seguinte:

> A metáfora semovente de Fanon – quando reinterpretada para uma teoria da significação cultural – permite-nos ver não somente a necessidade de uma teoria, como também as noções restritivas de identidade cultural com as quais saturamos nossas visões de mudança política. Para Fanon, o grupo liberatório que inicia a instabilidade produtiva da mudança cultural revolucionária é ele mesmo portador de uma identidade híbrida. Seus elementos estão presos no tempo descontínuo da tradução e da negociação, no sentido que procurei imprimir a essas palavras. No momento da luta liberatória, o povo argelino destrói as continuidades e constâncias da tradição nacionalista que fornecem uma salvaguarda contra a imposição cultural colonial. Eles estão livres agora para negociar e traduzir suas identidades culturais na temporalidade descontínua, intertextual, da diferença cultural. O intelectual nativo que identifica o povo com a verdadeira cultura nacional ficará desapontado. O povo é agora o próprio princípio de "reorganização dialética" e constrói sua cultura a partir do texto nacional traduzido para formas ocidentais modernas de tecnologia de informação, linguagem, vestimenta. O novo lugar de

[21] Homi Bhabha, *O local da cultura*, cit., p. 65.

> enunciação político e histórico transforma os significados da herança colonial nos signos libertários de um povo livre e do futuro.[22]

Mas o que seria, afinal, essa "tradução" ou "negociação" que uniria Fanon a Bhabha? Esse conceito que, supostamente, aproxima a luta do povo argelino por sua liberdade e independência nacional, nos anos 1950, com os embates culturais da pós-modernidade? Para Bhabha, negociação ou tradução significaria o ato de enunciação que implica uma temporalidade discursiva híbrida e transgressora. Esta, diz o autor, tornaria possível conceber uma articulação de elementos antagônicos ou contraditórios. Em suas palavras: uma *différance*[23].

Bhabha abstém-se de explicar o significado que dá ao termo. Em verdade, um neologismo, citado em francês pelos tradutores, que foi criado por Jacques Derrida e usado primeiramente em *Escritura e diferença* (1967). Por ele, o filósofo francês pretendeu traduzir um duplo movimento do signo linguístico que é diferenciado ao mesmo tempo que difere, não se fixando em uma única instância[24]. Por influência dele, o termo passou à crítica literária, ligada aos estudos culturais e ao "pós-colonialismo" de Spivak e Bhabha. Estes o entenderam como uma espécie de essência transgressora, para além da lógica dicotômica dos discursos.

Diversas vezes ao longo do livro, Bhabha destaca a capacidade de Fanon de formular uma escrita transgressora, no sentido anteriormente expresso (sobretudo em *Pele negra, máscaras brancas*). Nessas passagens, ele retoma algumas das intuições básicas de sua releitura, propondo que a atualidade de Fanon estaria, basicamente, em sua

---

[22] Ibidem, p. 68.

[23] Ibidem, p. 52.

[24] Denis Huisman, *Dicionário de obras filosóficas* (trad. Ivone Castilho Benedetti, São Paulo, Martins Fontes, 2000), p. 194.

capacidade de entender a lógica fluida e transgressora da cultura – e, portanto, da identidade. O crítico indiano entende que essa percepção justificaria uma compreensão da problemática da cultura desde uma agência subalterna, a partir da análise das múltiplas temporalidades inerentes ao evento[25]. É essa visão que Bhabha chama de "prerrogativa pós-colonial" no pensamento de Fanon.

Aqueles que apreciam a análise do discurso encontraram, nessa leitura que Bhabha fez de Fanon, extensa lista de *insights* performáticos. Destacam, por exemplo, como a história do povo argelino, para Fanon, deve ser entendida como uma dialética de temporalidades diversas – moderna, colonial, pós-colonial –, cuja centralidade epistemológica caberia ao enunciativo do presente. Uma assertiva metodológica radicalmente anti-historicista.

É interessante notar que Bhabha se apresenta tão convicto de sua interpretação do pensamento fanoniano que chega mesmo a censurar o psiquiatra por suas supostas ambiguidades em relação ao entendimento de tal prerrogativa pós-colonial. Por exemplo, quando Fanon aceitaria, por vezes, uma lógica essencialista da relação colonizador-colonizado, ou por se deixar reencantar por um humanismo universalista, de cunho "terceiro-mundista"[26].

Ao fazer isso, Bhabha constrói uma relação livre e crítica com o pensador martinicano. É sua aventura teórica. Como disse Henry Louis Gates Jr.[27], Bhabha cria um Fanon próprio, dele, que se faz coerente. Todavia, tal liberdade crítica torna visível quão discutível é essa releitura.

---

[25] Homi Bhabha, *O local da cultura*, cit., p. 269. Daí a relação que Bhabha estabelece, neste livro, entre o seu pensamento e o do Grupo de Estudos Subalternos do Sul da Ásia, liderado pelo historiador indiano Ranajit Guha.

[26] Ibidem, p. 98-100.

[27] Henry Louis Gates Jr., "Critical Fanonism", cit.

Cabe esclarecer a questão mais pormenorizadamente. É elogiável que, em nenhum momento do texto, Bhabha afirme estar realizando a única leitura correta do pensamento fanoniano. Como bom crítico literário, ele sabe que essa "correção" interpretativa é sempre relativa e discutível – o que não implica, entretanto, que se possa ler e interpretar as ideias do autor à vontade, independentemente do que ele próprio pretendia expressar. Há sempre um mínimo de correlação possível. E, para se tornar verossímil, uma interpretação como essa se baseia nos mesmos critérios de qualquer prática científica: argumentação racional (lógica) e empiria. Portanto, independentemente do fato de Bhabha não se colocar no campo científico, nem julgar expor uma verdade interpretativa em suas análises de Fanon, cabe o critério de verossimilhança enquanto qualificador de sua exposição. Afinal, mesmo que essa interpretação não seja por ele tida como a interpretação "correta" de Fanon, ela ainda é defendida pelo autor como uma interpretação possível, talvez necessária, entre outras[28].

Nesse escopo, uma questão sobre a qual se deve pensar mais adequadamente são as supostas ambiguidades

---

[28] Isso responde a alguns comentários sobre essa releitura de Bhabha, como o de Neil Lazarus em *Nationalism and Cultural Practice in the Postcolonial World*, cit. Este critica Bhabha porque, para tornar lógica sua argumentação, o indiano inverteria a cronologia do pensamento de Fanon. Para tanto, segundo Lazarus, Bhabha ressaltaria aspectos de *Pele negra, máscaras brancas*, texto inicial de Fanon, que lhe seriam úteis, mas que foram abandonados pelo próprio psiquiatra martinicano em seus textos posteriores, como *Os condenados da terra*. Apesar de levantar uma questão interessante, essa posição tende a censurar Bhabha por algo que ele não pretendeu fazer: revelar o verdadeiro Fanon. Neste caso, o desafio da crítica, pelo contrário, é discutir a interpretação de Bhabha a partir do escopo que ela mesma se propõe: atualizar o pensamento de Fanon. Daí que ela se coloque explicitamente como uma releitura.

do pensamento de Fanon apontadas por Bhabha. Estaria Fanon, como diz o crítico indiano, preso entre duas visões de mundo opostas: moderna e pós-colonial? Essa é, no fundo, a hipótese de Bhabha. De modo geral, ele induz a acreditar que Fanon, assim como ele próprio, teria conseguido superar certo pensamento moderno, ou, pelo menos, o modelo dicotômico e essencialista que caracterizaria tal pensamento: negro *versus* branco; mulher *versus* homem; civilizado *versus* bárbaro; moderno *versus* arcaico; homem *versus* animal etc. Daí sua defesa de Fanon como o criador de uma prerrogativa pós-colonial, que estaria alicerçada na hibridez e fluidez da cultura. Por outro lado, certas vezes, Bhabha se decepciona com Fanon quando ele supostamente retoma tais premissas.

Essa preocupação de Bhabha em rotular o pensamento de Fanon parece ser o ponto fraco de sua análise interpretativa. O problema não é tentar reinterpretar Fanon. O problema é fazer essa reinterpretação desde uma posição prefigurada e específica como o pós-colonialismo de Bhabha. No geral, em verdade, as ambiguidades apontadas pelo crítico indiano são falsas, alicerçadas numa "incompreensão" (no caso, consciente) da coerência do pensamento de Fanon. Sobre isso se farão algumas considerações finais relativas ao pensamento do martinicano. Embora sumárias, pois esse não é o intento primordial deste ensaio, tais considerações se colocam no campo da discussão científica – estando sujeitas, portanto, ao mesmo critério de verossimilhança que se cobrou de Bhabha.

Fanon por si mesmo

O conjunto de ensaios principais que formam a obra de Fanon possui uma temática cambiante, que se inicia com a discussão das relações étnico-raciais entre negros e brancos (*Pele negra, máscaras brancas*) e termina com a projeção dos movimentos de descolonização na África como lutas de libertação (*Os condenados da terra*). São apenas dez anos de produção teórica, interrompidos com a morte prematura do autor, aos 36 anos.

Como é sabido, originalmente, *Pele negra, máscaras brancas* foi um ensaio redigido por Fanon como tese de conclusão do curso de medicina na Universidade de Lyon, França, em 1951. Trata-se de um estudo psicofilosófico acerca da dinâmica das relações entre brancos e negros no mundo contemporâneo. Sua tese essencial é a de que tal dinâmica seria caracterizada como um duplo narcisismo: o branco escravo de sua brancura, o negro escravo de sua negrura. Por sua abertura de conteúdo, entretanto, assim como por sua característica poética, o livro pode ser lido de formas diversas – como mostra a interpretação de Bhabha, fartamente baseada numa releitura específica dele.

É importante assinalar, contudo, que para o próprio Fanon esse livro, centrado na análise psicofilosófica das relações raciais, abarcaria um aspecto secundário da temática no mundo moderno. Isso porque, para ele, tais relações seriam, em última instância, derivadas de outra mais primordial: a subalternização econômica de alguns povos por outros. Por conseguinte, diz Fanon na introdução do referido livro:

> A análise que realizamos é psicológica. Continua a nos parecer evidente, contudo, que a verdadeira desalienação do negro requer um reconhecimento imediato das realidades econômicas e sociais. Se há um complexo de inferioridade, ele resulta de um duplo processo: econômico, em primeiro lugar; e, em seguida, por interiorização, ou melhor, por epidermização dessa inferioridade.[29]

Esse ponto de vista do autor é reafirmado em 1956, no artigo "Racismo e cultura", e retomado no ensaio

---

[29] Frantz Fanon, *Pele negra, máscaras brancas* (trad. Sebastião Nascimento e Raquel Camargo, São Paulo, Ubu, 2020), p. 24-5.

"Sobre a cultura nacional". Fanon, portanto, define estas duas esferas – econômica e psicológica – como constituintes do problema racial, parte da estrutura de poder do mundo moderno. Mas a primeira é a fundamental, e seria a origem da segunda.

A partir da experiência da Revolução Argelina, Fanon defende que a superação dessa estrutura de poder do capitalismo colonial, concretizada pelo colonialismo francês naquele país africano, poderia ser realizada por uma práxis popular anticolonialista, sob a liderança de um partido revolucionário. É nessa luta, diz Fanon, que o povo se libertaria da dominação psicológica e cultural do colonialismo para formar uma nova cultura popular, híbrida, em constante movimento, cuja característica maior seria a vivacidade e a mescla de práticas autóctones e europeias. A existência dessa cultura e dessa participação popular é que deveria, para Fanon, corporificar o partido revolucionário. Sem isso, ela se limitaria a uma posição elitista e tendencialmente conservadora, como bem colocou James Y. Sayles[30].

Nos ensaios de Bhabha sobre Fanon, o autor teoriza, com competência, uma releitura dessa visão fanoniana da cultura vivificada. Daí sua criação da prerrogativa pós-colonial. Isso não impede, todavia, que se possam delinear dos textos de Fanon elementos para novas releituras. Um destes, sem dúvida, é a tendência do autor a extrapolar suas análises críticas sobre as relações coloniais, para além do caso específico do sistema colonial em África (em particular, na Argélia). Isso ocorre diversas vezes, quando o autor pontua casos e fenômenos da realidade histórico-social do continente americano para exemplificar sua argumentação crítica sobre a opressão e as formas de distinção social advindas das relações

---

30 James Yaki Sailes. *Meditations on Frantz Fanon's Wretched of the Earth* (Chicago, Spear & Shield, 2010).

coloniais. Já se analisou o debate em termos de configuração colonialista, mas a questão vai para além disso.

Neste sentido, em *Os condenados da terra*, Fanon critica as possíveis desventuras do nacionalismo burguês em África, dando como referência explícita a experiência neocolonial dos países latino-americanos. Veja-se:

> Em seu aspecto decadente, a burguesia nacional será consideravelmente ajudada pelas burguesias ocidentais, que se apresentam como turistas amantes do exotismo, das caçadas, dos cassinos. A burguesia nacional organiza centros de repouso e de lazer e terapias de prazer destinados à burguesia ocidental. Essa atividade adotará o nome de turismo e será equiparada, nesse caso, a uma indústria nacional. Se quisermos uma prova dessa eventual transformação dos elementos da burguesia ex-colonizada em organizadores de festas para a burguesia ocidental, vale a pena evocar o que aconteceu na América Latina. Os cassinos de Havana, da Cidade do México, as praias do Rio, as garotas brasileiras, as garotas mexicanas, as mestiças de treze anos, Acapulco, Copacabana são estigmas dessa depravação da burguesia nacional. Por não ter ideias, por estar fechada em si mesma, apartada do povo, minada pela incapacidade congênita de pensar no conjunto dos problemas em função da totalidade da nação, a burguesia nacional vai assumir o papel de gerente das empresas do Ocidente e praticamente organizará o seu país como lupanar da Europa.[31]

Trechos como esse instigam a cogitar uma nova atualidade do pensamento de Frantz Fanon, mas em termos diferentes dos propostos por Bhabha. Preocupado com o futuro que se delineava às novas nações africanas, Fanon tornou-se concomitantemente um agudo observador das relações coloniais, independentemente de sua manutenção

---

31 Frantz Fanon, *Os condenados da terra* (trad. Ligia Ferreira Fonseca e Regina Salgado Campos, Rio de Janeiro, Zahar, 2022), p. 152.

como uma estrutura de poder, em sociedades coloniais ou neocoloniais, enquanto configuração colonialista, na América ou na Europa. Nesse sentido, cabe, por exemplo, revalorizar a leitura fanoniana sobre o racismo, ou sobre as dicotomias entre o "mundo colonial" e o "mundo colonizado", como espaços diferentes de vivência nas "cidades coloniais". O próprio autor projeta que a continuidade das relações coloniais se colocaria também nas sociedades neocoloniais, para além da relação de dominação colonial entre países, metrópole e colônia[32].

Interpretar Fanon dessa forma implica, por outro lado, repensar sua proposta de superação dessas relações coloniais, ou seja, sua visão do processo de descolonização. Como é notório, este é geralmente tido como sinônimo das lutas de independência nacional contra o colonialismo. Entretanto, seguindo a lógica fanoniana de compreender as relações coloniais como um fenômeno que se reproduziria nas sociedades pós-independência, é lógico que seu oposto (a luta anticolonialista) possuiria também sua atualidade. Tratar-se-ia, pois, de qualificar o que significaria descolonizar as sociedades: coloniais ou neocoloniais. É o próprio Fanon que aponta a direção, desde uma perspectiva universalista:

---

[32] O sociólogo brasileiro Alberto Guerreiro Ramos (1915-1982) foi um dos autores que mais se aproximaram dessa percepção crítica. Sobre o assunto, ver Muryatan S. Barbosa, *Guerreiro Ramos e o personalismo negro* (São Paulo, Paco, 2015), ou o próprio Alberto Guerreiro Ramos, *Introdução crítica à sociologia brasileira* (Rio de Janeiro, Editora da UFRJ, 1995). Entre os autores internacionais, o sociólogo peruano Aníbal Quijano também trabalhou uma perspectiva de análise próxima, voltada ao estudo da continuidade das relações coloniais nos países latino-americanos atuais, a partir do conceito de colonialidade do poder. Ver, por exemplo, Aníbal Quijano, "Colonialidad del poder, eurocentrismo y America Latina", em Edgardo Lander (org.), *La colonialidad del saber: eurocentrismo y ciencias sociales* (Buenos Aires, Clacso, 2003), p. 201-46.

> Se quisermos transformar a África numa nova Europa, a América numa nova Europa, então confiemos a europeus os destinos de nossos países. Eles saberão fazer melhor do que os mais bem-dotados dentre nós.
>
> Mas, se quisermos que a humanidade avance para um estágio superior, se quisermos levá-la a um nível diferente daquele em que a Europa a revelou, então é preciso inventar, é preciso descobrir.
>
> Se quisermos responder às expectativas de nossos povos, é preciso buscar em outro lugar que não a Europa.
>
> Mais ainda, se quisermos corresponder à expectativa dos europeus, não devemos lhes devolver uma imagem, mesmo ideal, da sua sociedade e do seu pensamento, pelos quais eles experimentam, episodicamente, uma imensa náusea.
>
> Para a Europa, para nós mesmos e para a humanidade, camaradas, é preciso mudar completamente, desenvolver um pensamento novo, tentar criar um homem novo.[33]

Alguns comentadores de Fanon entendem essa observação desde um ponto de vista moral, *stricto sensu*. Sem dúvida, o apelo é moral, mas isso não implica que Fanon considere que os problemas das nações recém-independentes pudessem ser resolvidos com frases de efeito. Pelo contrário, o autor foi um dos primeiros a criticar publicamente o discurso abstrato e vazio da negritude de certos líderes africanos no período pós-colonial. Contra essa tendência, Fanon defendia a necessidade de entender o seu país e sua região de forma própria e racional. Compreender sua realidade histórico-social, população, território, organização administrativa, potencial energético etc.: essa seria a premissa de um pensar e de um agir novo, descolonizado. Em suma, utilizar o pensamento racional como algo autônomo, livre, autocrítico, guiado pelo povo e para o bem da coletividade. Nas palavras de Fanon:

---

33 Frantz Fanon, *Os condenados da terra*, cit., p. 327-8.

> O governo nacional, se quiser ser nacional, deve governar pelo povo e para o povo, para os deserdados e pelos deserdados. Nenhum líder, qualquer que seja o seu valor, pode substituir a vontade popular, e o governo nacional deve, antes de se preocupar com o prestígio internacional, voltar a dar dignidade a cada cidadão, ocupar os cérebros, encher os olhos de coisas humanas, desenvolver um panorama humano, porque habitado por homens conscientes e soberanos.[34]

É visível que esse ideal de libertação não está relacionado apenas aos países colonizados de outrora. Sendo assim, sua visão da descolonização como um processo em aberto reverte-se também à contemporaneidade.

Referências

ABDEL-MALEK, Anouar. Orientalism in Crisis. *Diogenes*, v. 11, n. 44, 1963, p. 103-40.

AHMAD, Aijaz. *Linhagens do presente*: ensaios. Trad. Sonia Guardini Vasconcelos, São Paulo, Boitempo, 2002.

BARBOSA, Muryatan S. *Guerreiro Ramos e o personalismo negro*. São Paulo, Paco, 2015.

______. A crítica pós-colonial no pensamento indiano contemporâneo. *Afro-Ásia*, Salvador, n. 39, 2009, p. 55-77.

BHABHA, Homi. Remembering Fanon: Self, Psyche, and the Colonial Condition. In: FANON, Frantz. *Black Skin, White Masks*. Londres/Sydney, Pluto, 1986, p. VII-XXVI.

______. Day by Day... with Frantz Fanon. In: READ, Alan (org.). *The Fact of Blackness*: Frantz Fanon and Visual Representation. Seattle/Londres, Bay/Institute of Contemporary Arts, 1996, p. 186-205.

______. *O local da cultura*. Trad. Myriam Ávila, Eliana Lourenço de Lima Reis e Gláucia Renate Gonçalves, Belo Horizonte, Editora da UFMG, 1998.

[34] Ibidem, p. 203.

______. *O bazar global e o clube dos cavalheiros ingleses*: textos seletos. Org. Eduardo F. Coutinho, trad. Teresa Dias Carneiro, Rio de Janeiro, Rocco, 2012.

______ (org.). *Nation and Narration*. Londres/Nova York, Routledge, 1990.

______; et al. (orgs.). *Cosmopolitanism*. Durham/Londres, Duke University Press, 2002.

______. *Nuevas minorías, nuevos derechos*: notas sobre cosmopolitismos vernáculos. Org. Mariano Siskind, Buenos Aires, Siglo XXI, 2013.

CHATURVEDI, Vinayak (org.). *Mapping Subaltern Studies and the Postcolonial*. Londres/Nova York, Verso, 2000.

DIRLIK, Arif. A aura pós-colonial na era do capitalismo global. *Novos Estudos Cebrap*, n. 49, 1997, p. 7-32.

FANON, Frantz. *Pele negra, máscaras brancas*. Trad. Sebastião Nascimento e Raquel Camargo, São Paulo, Ubu, 2020.

______. *Os condenados da terra*. Trad. Ligia Ferreira Fonseca e Regina Salgado Campos, Rio de Janeiro, Zahar, 2022.

FAUSTINO, Deivison M. *A disputa em torno de Frantz Fanon*: a teoria e a política dos fanonismos contemporâneos. São Paulo, Intermeios, 2020.

______. *Frantz Fanon e as encruzilhadas*: teoria, política e subjetividade. São Paulo, Ubu, 2022.

GATES, Henry Louis, Jr. Critical Fanonism. *Critical Inquiry*, n. 17, 1991, p. 457-70.

HALL, Stuart. The Afterlife of Frantz Fanon: Why Fanon? Why Now? Why *Black Skin, White Masks*? In: READ, Alan (org.). *The Fact of Blackness:* Frantz Fanon and Visual Representation. Seattle/Londres, Bay/Institute of Contemporary Arts, 1996, p. 12-37.

______. *Da diáspora*: identidades e mediações culturais. Org. Liv Sovik, trad. Adelaine La Guardia Resende et al., Belo Horizonte/Brasília, Editora da UFMG/Unesco, 2003.

HUDDART, David. *Homi K. Bhabha*. Londres/Nova York, Routledge, 2006.

HUISMAN, Denis. *Dicionário de obras filosóficas*. Trad. Ivone Castilho Benedetti, São Paulo, Martins Fontes, 2000.

LARSEN, Neil. DetermiNation: Postcolonialism, Poststructuralism and the Problem of Ideology. In: AFZAL-KHAN, Fawzia; SESHADRI-CROOKS, Kalpana (orgs.). *The Pre-occupation of Postcolonial Studies*. Durham/Londres, Duke University Press, 2000, p. 141-56.

LAZARUS, Neil. *Nationalism and Cultural Practice in the Post-colonial World*. Cambridge, Cambridge University Press, 1999.

LOOMBA, Ania. *Colonialism, Postcolonialism*. Londres/Nova York, Routledge, 2005.

MOORE-GILBERT, Bart. *Postcolonial Theory*: Contexts, Practices and Politics. Londres/Nova York, Verso, 1997.

PARRY, Benita. *Postcolonial Studies*: A Materialist Critique. Londres, Routledge, 2004.

QUIJANO, Aníbal. Colonialidad del poder, eurocentrismo y America Latina. In: LANDER, Edgardo (org.). *La colonialidad del saber*: eurocentrismo y ciencias sociales. Buenos Aires, Clacso, 2003, p. 201-46.

RAMOS, Alberto Guerreiro. *Introdução crítica à sociologia brasileira*. Rio de Janeiro, Editora da UFRJ, 1995.

SAID, Edward. *Orientalismo*: o Oriente como invenção do Ocidente. Trad. Tomás Rosa Bueno, São Paulo, Companhia das Letras, 1990 [1978].

SAILES, James Yaki. *Meditations on Frantz Fanon's Wretched of the Earth*: New Afrikan Revolutionary Writings Chicago, Spear & Shield, 2010.

SPIVAK, Gayatri C. *In Other Worlds*: Essays in Cultural Politics. Nova York/Londres, Routledge, 1988.

YOUNG, Robert. *White Mythologies*: Writing History and the West. Londres/Nova York, Routledge, 1990.

6.

Frantz Fanon teórico da tecnologia digital

Deivison M. Faustino e Walter Lippold

Introdução: um teórico crítico da tecnologia

Em janeiro de 2025, ano do centenário de Frantz Omar Fanon, o CEO da empresa Meta, Mark Zuckerberg, aderiu publicamente à agenda da extrema direita estadunidense ao cancelar o seu programa de checagem de fatos, criado em 2012 para conter a disseminação de desinformação em seus aplicativos de mídia social. Durante o anúncio, avisou que participaria do segundo mandato do futuro presidente Donald Trump e de sua agenda contra as políticas de regulação das plataformas digitais na Europa e na América Latina. Na mesma semana, Donald Trump ameaçou anexar (se preciso, com uso da força) os territórios do Canadá e da Groenlândia e, no início de fevereiro do mesmo ano, insinuou planos de expulsar os palestinos de seu território para construir uma Riviera imobiliária do Oriente Médio.

Por que isso é grave e o que isso tem a ver com o centenário do psiquiatra martinicano e intelectual orgânico da Revolução Argelina? Em um tom vitimista, empregado no momento histórico em que os Estados Unidos protagonizam guerras bélicas e/ou comerciais, o CEO da Meta apelou para uma narrativa identitária – Eles *versus* Nós – para anunciar uma nova fase de ofensiva geopolítica contra qualquer tentativa de proteção nacional ou regional que contrarie os interesses das empresas tecnológicas estadunidenses: "Trabalharemos com o presidente Trump para repelir os governos do mundo todo que estão perseguindo empresas americanas e pressionando para nos censurar mais. Os Estados Unidos têm a proteção constitucional mais forte do mundo para a liberdade de expressão".

Como bem explica o sociólogo brasileiro Sérgio Amadeu, esse pronunciamento explicita que "as *big techs* declaram guerra ao mundo". Há mais de sete décadas, Frantz Fanon já nos alertava para a relação intrínseca entre capitalismo, colonialismo e violência. No entanto, as décadas que precederam sua morte trouxeram aos olhares mais eurocêntricos a ilusão de que a violência colonial seria um tema do passado, supostamente já superado pela hegemonia, quase sem fronteiras, da livre circulação capitalista. Mas a crua realidade tem se imposto da forma mais dramática possível. Comemoramos o centenário de Fanon em um daqueles momentos da história que pode ser considerado um "ponto de não retorno", a partir do qual, com certeza, nada mais será como antes: colapsos climáticos generalizados, desemprego em massa intensificado pela Inteligência Artificial (IA), plataformização da vida, da política e do desejo sob hegemonia técnica e ideológica do mercado e da extrema direita global e, sobretudo, a assustadora sofisticação das tecnologias de morte contra povos oprimidos.

Em 2024[1], o mundo foi surpreendido com a notícia de um ataque terrorista promovido pelo Estado de Israel, um dos maiores exportadores mundiais de tecnologia de

[1] Um ano após o atentado do Hamas em Israel e quase sete décadas depois de uma série de ocupações e genocídios sistêmicos provocados pelo Estado de Israel nos territórios palestinos.

morte[2]. O atentado feriu mais de 2,8 mil pessoas e matou vinte[3] – entre as quais estão a população civil síria e libanesa e militantes do partido islâmico paramilitar Hezbollah – através da explosão coordenada de aparelhos *pager* modelo AR-924. Os aparelhos foram distribuídos pela própria organização paramilitar a seus militantes para evitar a interceptação de seus celulares, algo sabidamente possível desde as denúncias de vigilância digital em massa feitas por Edward Snowden em referência ao Projeto Prism, em 2013. Há pelo menos uma criança entre as vítimas: Fatima Abdullah, de nove anos, que foi atingida pela explosão no vilarejo de Saraain, Líbano[4].

Longe de uma postura tecnofóbica, mas atentos às diferentes formas pelas quais os seres humanos servem-se de meios técnicos e sociais para satisfazer determinadas necessidades, mobilizamos a teoria fanoniana para argumentar que, no capitalismo, o desenvolvimento das capacidades produtivas acaba sendo colonizado e direcionado mais à autodestruição humana e planetária do que à satisfação de suas necessidades materiais, subjetivas e espirituais. Na verdade, a colonização capitalista do desenvolvimento tecnológico está nos levando a impasses históricos sem precedentes.

Da expropriação portuguesa e espanhola das terras indígenas nas Américas, África e Ásia ao genocídio herero na Namíbia; da Shoah nazista contra os judeus europeus ao atual genocídio palestino cometido pelo Estado colonialista de Israel, o desenvolvimento dos meios sociotécnicos

---

2 Antony Loewenstein, *Laboratório Palestina: como Israel exporta tecnologia de ocupação para o mundo* (trad. Gabriel Rocha Gaspar, São Paulo, Elefante, 2024).

3 David Gritten e Hugo Bachega, "Second Wave of Lebanon Device Explosions Kills 20 and Wounds 450", *BBC*, 18 set. 2024.

4 Hwaida Saad e Liam Stack, "A 9-Year-Old Girl Killed in Pager Attack Is Mourned in Lebanon", *The New York Times*, 18 set. 2024.

representou, sempre, a ampliação da capacidade de matar. Não é possível o assassinato em massa sem a existência de uma massiva indústria bélica que articule o que há de mais sofisticado em termos tecnológicos.

> Podemos começar a mostrar a relação entre grandes corporações e a destruição das liberdades observando o período nazista. Há provas consistentes da importância decisiva da tecnologia Hollerith de cartões perfurados da IBM para a execução do holocausto. Os códigos da IBM eram gravados nos braços dos prisioneiros do nazismo e permitiam a identificação, a seleção e o controle massivo do processo de extermínio. Mas a atual e persistente demolição dos direitos não é tão evidente como a praticada no período nazista.[5]

Outros exemplos recentes são o emprego da IA Lavender na eleição de alvos palestinos a partir da coleta e perfilamento de dados disponibilizados pelas plataformas digitais ao Exército israelense e a disseminação de vírus em instalações militares inimigas. Têm sido cada vez mais frequentes as notícias de uso de IAs em guerras, assim como ciberataques, e os primeiros de grande potencial destrutivo foram executados pelos vírus Stuxnet, Flame, Duqu e Gauss, utilizados no início da década de 2010 para sabotar o programa nuclear iraniano.

Em termos de ciberarmas e guerra eletrônica, Israel é uma vanguarda tecnológica que usa a Palestina, mas também o Líbano e a Síria, como nefastos laboratórios-vitrine para desenvolver e propagandear suas armas de última geração[6]. Outros exemplos são o dispositivo de guerra eletrônica *Scorpius* e o drone Harop da Israel Aerospace

---

5 Sérgio Amadeu da Silveira, "WikiLeaks e as tecnologias de controle", em Julian Assange, *WikiLeaks: quando o Google encontrou o WikiLeaks* (trad. Cristina Yamagami, São Paulo, Boitempo, 2015), p. 12.

6 Antony Loewenstein, *Laboratório Palestina*, cit.

Industries (IAI)[7], além da IA Lavender (produzida pela Unit 8200)[8] e do Pegasus, o famoso *spyware* negociado pelo governo Bolsonaro com a NSO, empresa israelense. O desenvolvimento exponencial das tecnologias de morte, contudo, não é privilégio do eixo Estados Unidos-Israel, mas uma tendência em franca aceleração em todas as outras potências emergentes ou decadentes do presente.

Neste artigo, argumentamos que Frantz Fanon é um crítico da relação entre tecnologia e colonialismo e, sobretudo, um referencial teórico fundamental para entender e enfrentar o fenômeno contemporâneo chamado "colonialismo digital". A perspectiva hacker-fanoniana que orienta a presente proposta nos posiciona no interior do debate sobre os chamados "capitalismo de vigilância", "capitalismo informacional", "capitalismo de plataforma", "capital-informação", "capitalismo digital", "modo de produção informacional", "modo de produção vetorial" e "tecnofeudalismo", a partir de uma abordagem crítica radical antirracista, antissexista e anticapitalista atenta às *novas* morfologias do trabalho e de suas respectivas formas de controle, reprodução e insurgência.

Fanon, o colonialismo digital e a acumulação primitiva de dados

A teoria fanoniana nos auxilia a compreender o atual estágio de acumulação capitalista, em sua articulação violenta entre a mais alta tecnologia e a mais baixa condição de vida. A contradição entre produção coletiva e apropriação privada se intensifica sob a égide do capital em sua

---

7 Ver o site da necrocorporação IAI: <https://www.iai.co.il/>. É impressionante a diversificação do poderio bélico no catálogo da empresa.

8 Divisão de inteligência das forças armadas israelenses, no estilo NSA, mas militar; a mesma que produziu o Stuxnet.

ubiquidade mundial, atualizando a máxima *cyberpunk* "*high tech, low life*" em um cenário distópico, dominado por grandes corporações tecnológicas. Fanon, atento à dialética de mutação do racismo, argumenta que

> progressivamente, entretanto, a evolução das técnicas de produção, a industrialização, por sinal limitada, dos países dominados, a existência cada vez mais necessária de colaboradores impõem ao ocupante uma nova atitude. A complexidade dos meios de produção, a evolução das relações econômicas – que acabam estimulando, bem ou mal, a evolução das ideologias – desequilibram o sistema.[9]

Para ele, as formas de violência e dominação sofisticam-se conforme o desenvolvimento das forças produtivas, o que impõe novas contradições e possibilidades de dominação e/ou resistência:

> A Conferência de Berlin retalhou a África numa partilha entre quatro ou cinco bandeiras. Atualmente, o que importa não é que essa ou aquela região africana seja território de soberania francesa ou belga: o que importa é que as zonas econômicas estejam protegidas. Os bombardeios e a política de terra arrasada deram lugar à sujeição econômica. Hoje não se faz mais guerra de repressão contra um sultão rebelde. Com modos mais elegantes, menos sanguinários, decide-se liquidar pacificamente o regime castrista. Tenta-se estrangular a Guiné, suprime-se Mossadegh.[10]

Embora a destruição total da infraestrutura palestina pelo Exército sionista de Israel, a anexação da Crimeia pela Rússia ou o pronunciamento de Donald Trump sobre o

---

9 Frantz Fanon, *Por uma revolução africana: textos políticos* (trad. Carlos Alberto Medeiros, Rio de Janeiro, Zahar, 2021), p. 74.

10 Idem, *Os condenados da terra* (trad. Ligia Ferreira Fonseca e Regina Salgado Campos, Rio de Janeiro, Zahar, 2022), p. 62.

Canadá e a Groenlândia contrariem a tendência, observada por Fanon, de substituição da chamada guerra de repressão por mecanismos mais *soft* de poder, interessa destacar a sua percepção da dinâmica histórica da exploração e dominação e, sobretudo, as pistas que ele oferece para constatarmos que o colonialismo e o racismo não são fenômenos do passado do capitalismo.

Tendo isso em vista, mas amparados nas contribuições de Kwame Nkrumah, Paris Yeros e Praveen Jah[11] caracterizam as tendências contemporâneas de distribuição desigual e combinada da violência capitalista como "neocolonialismo tardio". Para os autores, longe de ser um aspecto histórico do passado, o colonialismo – em sua expressão particular contemporânea – segue tendo uma utilidade fundamental para o atual estágio de desenvolvimento capitalista ao preservar a delimitação (muitas vezes, racializada) de grupos e territórios nus de superexploração, violência sistêmica e morte para gerir a crise sistêmica do capital. É nessa senda que propomos discutir o desenvolvimento tecnológico, em especial o conjunto de técnicas, ideologias e relações sociais envolvidas nas tecnologias digitais tanto em seus aspectos econômicos como geopolíticos, climáticos, ideológicos e subjetivos.

Observando a importância das tecnologias digitais para a geopolítica contemporânea, o sociólogo sul-africano Michael Kwet propõe pensar o *colonialismo digital* como o uso da tecnologia para a dominação política, econômica e social de outra nação ou território. Argumenta que o desenvolvimento tecnológico, tanto em sua dimensão infraestrutural, em termos de *hardware*, ou no desenvolvimento

---

[11] Kwame Nkrumah, *Neocolonialismo: último estágio do imperialismo* (trad. Maurício C. Pedreira, Rio de Janeiro, Civilização Brasileira, 1967); Paris Yeros e Praveen Jah, "Neocolonialismo tardio: capitalismo monopolista em permanente crise", *Agrarian South: Journal of Political Economy*, v. 9, n. 1, 27 maio 2020; disponível on-line.

de *softwares* e plataformas, atualiza e intensifica as antigas lógicas e rotas coloniais, consolidando "uma divisão desigual de trabalho, na qual os poderes dominantes fizeram uso das suas propriedades de infraestrutura digital, conhecimento e controle dos meios de computação para manter o Sul em uma situação de dependência permanente"[12]. Mas agora, "economicamente, a manufatura caiu na hierarquia de valor, e foi substituída por uma economia de alta tecnologia avançada, em cujo comando as firmas de *big tech* estão firmemente instaladas"[13].

Ainda nos remetendo a Fanon, é válido destacar a distribuição desigual do desenvolvimento tecnológico e, sobretudo, das violências que lhes são implícitas. "O mundo colonizado é um mundo dividido em dois."[14] O coração gelado do colonialismo digital segue, como outrora, sendo o trabalho abstrato e o valor, valorizando-se *ad infinitum* ainda que sob o custo da ampliação das desigualdades, generalização das guerras e devastação ambiental. Mas agora, novos e velhos meios de exploração, expropriação e dominação canibalizam o conjunto dos esforços, técnicas, desejos e saberes humanos em benefício dos grandes monstros monopolistas de nosso tempo: as *big techs*.

A fórmula é antiga, mas diante das dificuldades de criação do verdadeiramente novo, os velhos monstros se renovam e sofisticam sua aparição a um novo patamar de agressividade:

> Havia, com o imperialismo, diversos motores, cada qual com sua força e alcance próprios: o motor francês, o motor inglês, o motor alemão, o motor português, o belga, o espanhol etc.; que eram todos motores do capitalismo, mas

---

12 Michael Kwet, "A ameaça nada sutil do colonialismo digital", *Outras Palavras*, 15 mar. 2021; disponível on-line.

13 Idem.

14 Frantz Fanon, *Os condenados da terra*, cit., p. 34.

> empurravam as máquinas e homens segundo ritmos diferentes, modalidades diferentes, combinações diferentes. Hoje há um motor único que é, exatamente, a mencionada mais-valia universal.[15]

Trata-se de corporações, especialmente sediadas no Vale do Silício – mas também na China e em outros eixos geopolíticos – que, juntas, valem mais de 10 trilhões de dólares. Das dez empresas mais poderosas do mundo, apenas duas (Aramco, Hathaway) não atuam diretamente ou indiretamente no ramo *digital*. As *Big Five* (Apple, Amazon, Alphabet, Microsoft e Facebook) somaram quase 900 bilhões em receita em 2019. Esse faturamento cresceu 25% em relação ao período anterior à pandemia[16] e, curiosamente, elas entraram em crise logo após o fim das restrições à circulação de seres humanos pelo globo, levando o mercado digital a uma notável desaceleração de investimentos e volumosas demissões.

Suas características incluem a emergência de uma nova partilha territorial do globo terrestre entre as *big techs*: uma divisão internacional do trabalho que consolida o Norte global como detentor do monopólio de infraestruturas tecnológicas enquanto reduz o chamado Sul global a mero fornecedor de *commodities* tangíveis para alimentar a indústria do *hardware* e consumidor de tecnologias produzidas no Norte. Mas há algo novo que eleva o colonialismo denunciado por Fanon a outros patamares: o extrativismo, não menos colonial, de dados cotidianos, sociométricos e biométricos dos usuários das plataformas digitais para

---

[15] Milton Santos, *Por uma outra globalização: do pensamento único à consciência universal* (6. ed., Rio de Janeiro/São Paulo, Record, 2001), p. 29.

[16] Igor Shimabukuro, "Receitas das *big techs* disparam em virtude da pandemia do coronavírus", *Olhar Digital*, 17 maio 2021; disponível on-line.

fins comerciais, em um processo que pode ser nomeado *colonialismo de dados*[17].

O colonialismo – como forma historicamente particular de expropriação – transcende a dimensão meramente geográfica para ser telepresencial. Os usuários de uma internet cada vez mais privatizada participam, muitas vezes sem saber, de um processo crescentemente invasivo de extração e processamento de dados. A ideologia dataísta reforça a crença de que a experiência humana é redutível àquilo que pode ser mensurado e prospectado estatisticamente[18]. Fato é que a datificação permite a criação de novos modelos de negócio e dispositivos de predição de comportamento. Em referência à violência originária que viabilizou as primeiras formas de expropriação capitalista, temos nomeado esse extrativismo de *acumulação primitiva de dados*[19].

Essa acumulação primitiva de dados é uma das tendências de expropriação da vida do colonialismo digital. Ela merece destaque por ser responsável por uma subsunção cada vez maior e mais violenta da vida humana em todas as suas esferas. Os avanços tecnológicos oriundos da terceira fase da Revolução Industrial ofereceram novas possibilidades de apropriação dos tempos de trabalho, em um processo chamado por Ferrari de *fabricalização da cidade*[20]. As ruas da cidade têm sido reconfiguradas em grandes esteiras

---

17 Nick Couldry e Ulises Mejias, *The Costs of Connection: How Data is Colonizing Human Life and Appropriating it for Capitalism* (Redwood City, Stanford University Press, 2019).

18 Jose van Dijck, "Datafication, Dataism and Dataveillance: Big Data between Scientific Paradigm and Ideology", *Surveillance & Society*, v. 12, n. 2, 9 maio 2014, p. 197-208.

19 Walter Lippold e Deivison M. Faustino, "Colonialismo digital, racismo e acumulação primitiva de dados", *Germinal*, v. 14, n. 2, 2022, p. 56-78.

20 Terezinha Ferrari, *Fabricalização da cidade e ideologia da circulação* (São Paulo, Outras Expressões, 2012).

produtivas, operacionalizadas pelo *just in time* informacional-gerencial, que permite a sincronização do tempo e dos espaços urbanos. Como já alertava Milton Santos:

> A unicidade do tempo não é apenas o resultado de que, nos mais diversos lugares, a hora do relógio é a mesma. Não é somente isso. Se a hora é a mesma, convergem, também, os momentos vividos. [...] A operação planetária das grandes empresas globais vai revolucionar o mundo das finanças, permitindo ao respectivo mercado que funcione em diversos lugares durante o dia inteiro. O tempo real também autoriza usar o mesmo momento a partir de múltiplos lugares, e todos os lugares a partir de um só deles. E, em ambos os casos, de forma concatenada e eficaz.[21]

Nessa violenta convergência de momentos, a organização da vida social torna-se atrelada ao tempo de rotação do capital que coloniza e subsume a vida humana em todas as suas manifestações econômicas, subjetivas, psicológicas, estéticas e políticas. Mas com a emergência das *big techs* e do *big data*, a escala e a abrangência dessa convergência avançam a novos estágios.

A *acumulação primitiva de dados* busca capturar, quantificar e processar dados da experiência e da subjetividade humana em prol do marketing segmentado, da economia da atenção, do uso de *big data* e *data science* para criar psicoperfis de consumo, visando à entrega de publicidade segmentada com microdirecionamento. Não se trata, aqui, de uma simples alteração dos ritmos de vida ou mesmo da percepção humana pela introdução de novas tecnologias, como poderia se presumir, mas sim da manipulação intencional da cognição humana por grandes corporações empresariais a partir dessas tecnologias com vistas à ampliação da acumulação de capitais.

---

21 Milton Santos, *Por uma outra globalização*, cit., p. 28.

Aqui reside um paradoxo. Se por um lado, aquilo que Mbembe[22] caracteriza como a desumanização própria a qualquer colonialismo é, no contexto do colonialismo de dados, universalmente experienciada – todos estamos sujeitos às suas garras reificantes –, por outro lado, como recorda Lélia Gonzalez[23], essa violência não é igualmente distribuída, nem em termos de uma divisão internacional do trabalho, nem em termos de clivagens sociais presentes no interior de um mesmo Estado-nação. Na primeira e menos conhecida fase de sua produção, Gonzalez se dedicou a entender o papel do racismo e do sexismo na distribuição desigual da violência em um país de capitalismo dependente como o Brasil, onde "não ocorreram transformações estruturais no setor agrário (que permitiriam o crescimento industrial)", o que resultou na formação racializada "de uma massa marginal, de um lado, assim como a dependência neocolonial e a manutenção de formas produtivas anteriores"[24].

Como nos ensinou Fanon ao longo de sua obra, o capitalismo depende da manutenção ou atualização de diferentes formas de negação de humanidade para se reproduzir como violência iterativa. Há um princípio de retroalimentação entre capitalismo e colonialismo no qual o racismo se sofistica, desde a sua versão religiosa (maldição de Cam), passando pelas pseudociências da raciologia, craniometria, frenologia e todo tipo de eugenia e lombrosismos[25].

Importante destacar que o colonialismo digital não é uma nova fase do capitalismo, mas uma tendência

---

22 Achille Mbembe, *Crítica da razão negra* (trad. Sebastião Nascimento, São Paulo, n-1, 2018).

23 Lélia Gonzalez, *Por um feminismo afro- latino-americano* (orgs. Flavia Rios e Márcia Lima, Rio de Janeiro, Zahar, 2020).

24 Ibidem, p. 25.

25 Frantz Fanon, *Por uma revolução africana*, cit.

objetiva do atual estágio de acumulação capitalista pautada pela captura cada vez maior de trabalho, subjetividade e criatividade humana às lógicas do capital através das tecnologias digitais ou em função delas. Nem o ócio, a sexualidade ou mesmo a militância política escapam à submissão, cada vez maior, aos rituais de monetização e domesticação digital: tudo se converte em produto de entretenimento segmentado da economia da atenção. Até a crítica ao capitalismo de vigilância ou de plataforma, ao extrativismo de dados ou ao racismo algorítmico tornam-se produtos comerciais vendidos na plataforma de *streaming* de sua preferência. Lugar desterritorializado, mas dotado de infraestruturas físicas e de capital bastante tangíveis, onde você pode assistir a uma série que critica a própria plataforma. Um *Big Brother* em que descobrimos que o Truman deste show macabro somos nós.

Ao mesmo tempo, empresas bilionárias com mais poder econômico que a maioria dos países financiam, de maneira bastante tímida e econômica, ações de incentivo à participação de pessoas negras e mulheres na tecnologia ou estendem a conectividade para algumas comunidades indígenas isoladas na Amazônia ou em algum país africano. No entanto, a benevolência que lembra as aspirações civilizadoras do "fardo do homem branco" se confirmam e atualizam em uma espécie de *fardo do nerd branco*[26] ao constatarmos que as antenas que levaram internet a regiões remotas estavam, na verdade, servindo ao garimpo ilegal que envenena rios e pessoas para abastecer com minérios a indústria de *hardwares* digitais.

---

[26] David M. Faustino e Walter Lippold, "Que humano é esse das humanidades digitais? Por uma crítica hacker-fanoniana ao fardo do *nerd* branco", *Revista de Teoria da História*, v. 26, n. 1, 2023, p. 120-43.

A racialização codificada

Um tema frequentemente negligenciado nas análises teóricas sobre o capitalismo contemporâneo e as implicações sociais do atual estágio de desenvolvimento tecnológico é o racismo. Frantz Fanon captou a relação dialética entre capitalismo, colonialismo e racismo. Para ele, a guerra colonial "é um negócio comercial gigantesco", que não teria êxito sem a desumanização dos povos colonizados. A "expropriação, a espoliação, a invasão, o assassinato objetivo se desdobram numa pilhagem de esquemas culturais, ou pelo menos a propiciam"[27], engendrando posições sociais "epidermizadas" que, marcadas por uma divisão racial do trabalho, pressupõem o lugar dos indivíduos a partir das marcas fenotípicas e culturais. O racismo, para Fanon, é tanto um "produto" quanto um processo do qual o grupo dominante lança mão para desarticular as possíveis linhas de força do dominado, destruindo seus "valores", "sistemas de referência" e "panorama social"[28].

Para ele, no entanto, o racismo não se resume a ofensas abertamente violentas ou estereotipadas, mas, sobretudo, à eleição do "homem branco (ou europeu)" como parâmetro universal sob o qual toda a humanidade é pensada e avaliada. Uma espécie de *identitarismo branco* permite ao pensamento pseudocrítico se supor liberal, democrático, radical – sem, contudo, acertar as contas com o eurocentrismo que estrutura a noção moderna de humano. Desta forma, o racismo não reflete o pior nem é reflexo da fragilidade da modernidade ocidental, mas sua mais avançada expressão, como enfatiza: "Sim! A civilização europeia e seus representantes mais qualificados são

---

[27] Frantz Fanon, *Por uma revolução africana*, cit., p. 72.

[28] Idem.

responsáveis pelo racismo colonial"[29]. Aqui reside um aspecto fundamental para tematizarmos o desenvolvimento tecnológico na modernidade.

A investigação sobre as relações entre racismo e tecnologia digital vem sendo feita por uma rede sólida – embora ainda pequena – de pesquisadores alocados em diversas partes do mundo. Destacamos, nesse sentido, o brilhante trabalho do professor Tarcízio Silva[30], o de Joy Buolamwini, o da professora Safiya Umoja Noble, entre outros. Como já foi discutido, algoritmos são produções humanas e, portanto, atravessados por tradições, valores subjetiva e intersubjetivamente partilhados[31], mas, sobretudo, com finalidades historicamente determinadas.

> grupos de cientistas, teóricas e ativistas da comunicação e tecnologia apontaram os processos pelos quais a construção tanto das tecnologias digitais de comunicação quanto da ideologia do Vale do Silício são racializadas, a partir de uma lógica da supremacia branca.[32]

Acreditamos que a noção de *racialização codificada* ou *racialização digital* dê conta de explicar o contexto material de desenho dos algoritmos que evidenciam a seletividade racial dos cargos técnicos em empresas de programação, a

[29] Frantz Fanon, *Pele negra, máscaras brancas*, cit., p. 105.

[30] Ver a pesquisa documental realizada por ele, uma grande referência para este debate: Tarcízio Silva, "Linha do tempo do racismo algorítmico", *Blog do Tarcízio Silva*, 2020; disponível on-line. Joy Buolamwini e Timnit Gebru, "Gender Shades: Intersectional Accuracy Disparities in Commercial Gender Classification, *Proceedings of Machine Learning Research*, v. 81, 2018, p. 77-91; Safiya Umoja Noble, *Algorithms of Oppression: How Search Engines Reinforce Racism* (Nova York, New York University Press, 2018).

[31] Tarcízio Silva, *Racismo algorítmico: inteligência artificial e a nova desigualdade codificada* (São Paulo, Sesc-SP, 2022).

[32] Idem, "Linha do tempo do racismo algorítmico", cit.

distribuição social desigual de prestígio entre produtores de conteúdo digitais na internet[33] e a codificação naturalizada dos discursos e estética racistas nas mídias sociais e bancos de imagem digitais. Convém destacar, ainda, a racialização codificada em aplicativos de reconhecimento facial, que não identificam os traços negros com precisão[34] e, sobretudo, uma certa eugenia política[35] presente no "aprendizado de máquinas". A eugenia se materializa tanto na utilização estética e cultural branco-ocidental como parâmetro de humanidade quanto na exclusão ou desigualdade do acesso às tecnologias informacionais.

A ironia humanista dessa temporalidade anti-humana é que o desenvolvimento da técnica não tem conduzido a humanidade à ampliação do seu grau de liberdade. Ao contrário, o que se vê é a transferência cada vez maior de decisões humanas a processos automatizados[36]. A "IA é o culminar da longa evolução da automação do trabalho e da quantificação da sociedade"[37]. Seu fazer entrópico e automatizado incorpora graus cada vez maiores de "liberdade" que lhe permitem mimetizar não apenas habilidades lógicas humanas, mas também sensitivas, e combiná-las. Assim como um telescópio que eleva o olho às estrelas, um modelo pode receber um *input* de voz ou texto em "linguagem natural", codificá-lo para comandos em linguagem binária e movimentar fisicamente matéria

---

33 Propmark, "Influenciadores negros têm menor participação em campanhas" *Propmark*, 2 set. 2020; disponível on-line.

34 Safiya Umoja Noble, *Algorithms of Oppression*, cit.

35 Sérgio Amadeu da Silveira e Maria José Menezes, "Pacote Moro, perfil genético e a nova eugenia", *Portal Geledés*, 2 mar. 2020; disponível on-line.

36 Slavoj Žižek, "O deserto pós-humano", *Instituto Humanitas Unisinos – IHU*, 13 maio 2023; disponível on-line.

37 Matteo Pasquinelli, *The Eye of the Master: A Social History of Artificial Intelligence* (Nova York/Londres, Verso, 2023).

tangível de sensores e dispositivos para capturar frequências de luz, sons etc., identificando e mapeando padrões variados a uma velocidade e abrangência inalcançáveis ao cérebro humano.

É possível concordar com Pasquinelli quando sugere que o *deep learning* e a chamada IA generativa, por exemplo, representam um novo patamar de automação e alienação: a *automação da automação*. Mas aqui, ao contrário do que supunham os teóricos da sociedade informacional, não é necessariamente o trabalho que é substituído pela automação automatizada, mas sim a gestão:

> A convergência técnica das infraestruturas de dados revela também que a automação contemporânea não trata apenas da automação do trabalhador individual, como na imagem estereotipada do robô humanoide, mas da automação dos gestores e gerentes da fábrica, como acontece nas plataformas da *gig economy*. Dos gigantes de logística (Amazon, Alibaba, DHL, UPS etc.) e da mobilidade (Uber, Share Now, Foodora, Deliveroo) às redes sociais (Facebook, TikTok, Twitter), *o capitalismo de plataforma é uma forma de automação que, na realidade, não substitui trabalhadores, mas os multiplica e os governa de um jeito novo*. Não se trata tanto da automação do trabalho, mas sim da automação da gestão. Sob essa nova forma de gestão algorítmica, somos todos transformados em trabalhadores "divididos" de um vasto autômato composto por usuários globais, "*turkers*", cuidadores, motoristas e entregadores de vários tipos.[38]

O problema, entretanto, não se reduz à perda de controle para uma suposta autonomia maquínica, mas às formas singulares como as máquinas podem nos ajudar a nos apropriar do mundo. É verdade, pois, que desde o ábaco até o computador quântico os meios técnicos

---

38 Idem, "Por uma história social da IA", *Outras Palavras*, 1º mar. 2024; disponível on-line.

potencializam a capacidade humana de computar dados e realizar comandos simples ou complexos. Não se trata de ignorar as possíveis contribuições desse desenvolvimento às inúmeras áreas da ciência, mas de se perguntar que limites se apresentam quando uma das dimensões do conhecimento (a estatística) é tomada como o conhecimento em si e, ainda, aplicada por mecanismos automatizados de captura e processamento de dados.

Não é contingente que um programa de IA programado para moderar a fila de doação de rins tenha dado prioridade a pacientes brancos em situação menos grave em detrimento de pacientes negros em pior situação[39]. A reflexão sobre o racismo no contexto da saúde digital não é só uma questão de acesso, mas de design. Mas esse ponto é geralmente deixado de lado nos debates entusiasmados ou críticos à saúde digital.

O filósofo Matteo Pasquinelli[40] nos lembra o quanto a psicometria eugenista que fundamentou empiricamente o racismo científico é a base lógica da inteligência artificial contemporânea. A medição estatística skinneriana da competência permitiu tanto o controle "científico" da força de trabalho, no final do século XIX, quanto a transição na matriz de captura do intelecto geral. Se na época da máquina industrial era encarnado pela ciência, na era informacional é codificado em ferramentas estatísticas por redes neurais artificiais que automatizam padrões humanos de apreensão do mundo. Nos termos de Milton Santos e Gilbert Simondon, poderíamos dizer que isso não seria um problema se a automatização estivesse a serviço das necessidades e do controle humano – mas é, novamente, o mais-valor universal que orienta e calibra os seus trilhões

---

[39] Insa M. Schmidt e Sushrut S. Waikar, "Separate and Unequal: Race-Based Algorithms and Implications for Nephrology", *Journal of the American Society of Nephrology*, v. 32, n. 4, abr. 2021.

[40] Matteo Pasquinelli, *The Eye of the Master*, cit.

de parâmetros multivariados, colocando não apenas o direito à saúde (em termos de acesso) em risco, mas a própria qualidade e concepção de saúde que se oferece.

A metrificação da experiência, que sustenta o caminho hegemônico da inteligência artificial, tal qual a placenta eugênica que a gerou, impede que a complexidade da experiência humana seja adequadamente equacionada. Ainda que agora se possam coletar dados de grupos diversos e construir modelos adaptados a diferentes públicos, o colonialismo digital implica uma monopolização dos parâmetros que calibram as funções multivariadas e as regressões logísticas dos modelos. Esse monopólio é, em si, a fonte mais profunda do racismo algorítmico.

A automação toma uma experiência societária como padrão algorítmico, o que resulta em universais abstratos prenhes de vieses de gênero, raça, território, língua, religião etc. Retornamos aqui ao tema das rugosidades coloniais como tensão contraditória entre unicidade (abstrata) da técnica, ampliação das desigualdades de acesso à tecnologia e exploração estandardizada da diversidade, em que o motor único da história segue sendo o mais-valor, mas a diferença cultural ou ideológica também pode aparecer como eixo diversificado de mercadorias na lógica da expropriação de dados e perfilamento social.

Por uma crítica hacker-fanoniana

O que fazer com os conhecimentos e tecnologias impostos violentamente pelo colonizador aos colonizados? Se esse conhecimento não chegou às colônias apenas para ampliar as capacidades produtivas, mas, sobretudo, para subsidiar a proibição, inferiorização e estigmatização dos saberes e das visões de mundo nativas que pudessem representar obstáculo à ordem colonial, não seria mais prudente ao colonizado rejeitar esses saberes e reivindicar os saberes anteriores ao colonialismo? Ou, ao contrário, deve ele provar ao branco racista que pode ser mais moderno que ele, ostentando o seu domínio nas artes do qual não se esperava que fosse capaz? Veremos que, para Frantz Fanon, os dois conjuntos de questões expressam um falso dilema, pois lhes falta justamente a dialética.

Para ele, um certo emprego da razão, conhecimento e desenvolvimento tecnológico é indispensável à reprodução das relações coloniais. No entanto, a tarefa revolucionária, por excelência, não é a de recusar esses saberes em direção a um utópico retorno ao passado, mas sim apropriar-se de forma anticolonial dessas tecnologias. Fanon analisou, de modo visionário, o uso da tecnologia de comunicação pelos revolucionários argelinos, que calibanizaram[41] dialeticamente esses aparatos e redes eletrônicas de comunicação, tornando-os seus.

Em seu trabalho pioneiro, o pesquisador brasileiro Ivo Queiroz[42] pesquisou as contradições e possibilidades no uso anticolonial da tecnologia, apresentando Frantz Fanon como um dos fundadores dos CTS (Estudos sobre Ciência, Tecnologia e Sociedade) do ponto de vista dos interesses sociais. No pensamento fanoniano, afirma Queiroz[43], são fartas as referências ao lugar político das tecnologias nos processos de dominação colonial. Do uso colonial das ciências médicas para a estigmatização da cultura autóctone até o emprego de técnicas agrícolas (*plantation*) voltadas à produção e exportação de *commodities*; da participação da psiquiatria no desenvolvimento de técnicas de tortura até a introdução do rádio como forma

---

[41] Sobre a calibanização empreendida por Fanon, ver o capítulo 2 deste livro.

[42] Ivo Pereira de Queiroz, *Fanon, o reconhecimento do negro e o novo humanismo: horizontes descoloniais da tecnologia* (doutorado em tecnologia, Curitiba, UTFPR, 2013).

[43] Idem.

de desmantelar a cultura muçulmana, Fanon problematizou com bastante cuidado a função colonial da tecnologia no contexto da dominação europeia, recusando qualquer pretensão a uma ciência ou tecnologia neutras.

No entanto, observa Queiroz, a proposta de libertação empreendida por Fanon não perdia de vista o caráter humano-genérico de tudo aquilo que é produzido pelo trabalho, inclusive a tecnologia. Não se trata de refutar ou adorar a tecnologia, mas de colocar "a ciência e a tecnologia a serviço da emancipação"[44]. Isso significa que a consciência de si, necessária à luta pela emancipação, "não é o fechamento à comunicação"[45] e muito menos o seu retorno à "torre substancializada do passado"[46], mas a morte do colonizador e do colonizado enquanto tais. Isso significa o reconhecimento de si enquanto partícipe da generalidade humana:

> Sou um ser humano e é todo o passado do mundo que tenho a resgatar. Não sou responsável apenas pela Revolta de Santo Domingo. Toda vez que um ser humano fez aflorar a dignidade do espírito, toda vez que um ser humano disse não a uma tentativa de escravizar o seu semelhante, eu me solidarizei com o seu ato.[47]

Se por um lado o racismo colonial implicou a subalternização dos saberes e valores autóctones, a luta argelina, por outro lado, mostrou a infertilidade de um nativismo identitário que aceita a premissa (racista) de

---

44 Ivo Pereira de Queiroz e Gilson Queluz, "Presença africana e teoria crítica da tecnologia: reconhecimento, designer tecnológico e códigos técnicos", em *Simpósios Nacionais de Tecnologia e Sociedade*, 2011, p. 124.

45 Frantz Fanon, *Os condenados da terra*, cit., p. 248.

46 Idem, *Pele negra, máscaras brancas*, cit., p. 237.

47 Idem.

que a tecnologia seria branca e que, portanto, deveria ser descartada pela luta anticolonial. No capítulo intitulado "Aqui a voz da Argélia", da obra *L'an V de la révolution algérienne* [O quinto ano da Revolução Argelina][48], Fanon oferece uma alternativa dialética a esse binarismo.

O colonialismo francês utilizou as tecnologias médicas e de comunicação na Argélia como instrumento de demonização e inferiorização dos saberes locais; mais do que isso, os programas franceses de rádio veiculavam, através de valores estéticos e conteúdos jornalísticos distorcidos, a propaganda colonial aos lares argelinos. A resposta mais óbvia dos revolucionários foi a demonização ideológica dessas tecnologias, apelando para um retorno ao passado e aos tradicionais jornais militantes. Ao perceberem a inutilidade dessa tática, os revolucionários passaram a hackear os meios de comunicação hegemônicos, assaltando os aparelhos das estações francesas para criar as próprias estações.

Essa guinada hacker-fanoniana, imposta pela realidade concreta, permitiu ampliar a voz da luta anticolonial a toda a Argélia, em um país onde a maioria das pessoas ainda não tinham tido acesso à alfabetização. O mesmo aconteceu quando os revolucionários abandonaram a recusa às técnicas médicas ocidentais para colocá-las em diálogo com as tecnologias médicas argelinas, ampliando as possibilidades de cuidado durante a guerra. O rádio, assim como a medicina e as tecnologias em geral, não é branco; são todas construções humanas que podem ser apropriadas e adaptadas a contextos particulares – ou mesmo superadas, depois de terem suas contribuições levadas em conta.

É nessa troca dialética e contraditória de saberes que funciona o desenvolvimento das forças produtivas.

---

[48] Frantz Fanon, *Sociología de una revolución* (3. ed., trad. V. Flores Olea, Cidade do México, ERA, 1976).

Os saberes ditos europeus só se desenvolveram quando estes tiveram acesso a saberes keméticos, persas, mouros, árabes, bakongo, tupi, chineses etc. e deles receberam influência. A própria definição da Europa, do branco ou do Ocidente como bloco homogêneo é fruto de um delírio colonial que se produziu em um contexto de negação da alteridade sócio-histórica, tomando para si o atributo humano-genérico-universal. Esse delírio se desmancha quando o colonizado, outrora inferiorizado, recusa em um ato de rebeldia não apenas as hierarquias coloniais, mas também o seu binarismo, permitindo-se a identificação com a humanidade-genérica de forma a tomar o mundo para si, sem perder sua singularidade e particularidade.

Por isso foi tão subversivo assaltar os transmissores de rádio da Argélia: não para reproduzir as falsas verdades coloniais, mas para calibanizá-los, produzindo os próprios programas e ampliando a voz da Argélia ao máximo possível de pessoas. "Desde 1956, a aquisição de um radiorreceptor na Argélia não significa a adesão a uma técnica moderna de informação, mas sim o único meio de entrar em contato com a Revolução e viver com ela."[49] Em reação a essa ousadia, o colonialismo francês passou a proibir a venda de rádios e pilhas aos argelinos. Os franceses, além dessas proibições, começam uma guerra eletrônica, que Fanon chamou de "batalha das ondas", para interferir nas transmissões de *Voz da Argélia combatente*. Neste sentido,

> O instrumento técnico, o aparelho de rádio, perde quase magicamente – embora tenhamos visto a progressão harmônica e dialética das novas necessidades nacionais – seu caráter de objeto do inimigo. O radiorreceptor deixa de ser parte do arsenal de opressão cultural do ocupante. Ao converter-se a rádio em um meio singular de resistência frente às cada vez maiores pressões psicológicas e militares

[49] Frantz Fanon, *Sociología de una revolución*, cit., p. 63, tradução livre.

> do ocupante, a sociedade argelina, por um movimento autônomo interno, decidiu apropriar-se da nova técnica e incorporar a si nos novos sistemas de comunicação atualizados pela Revolução.[50]

O que queremos destacar aqui é que Fanon foi um dos primeiros pensadores a analisar a dialética de dominação e libertação através da descolonização da tecnologia de comunicação. Ele descreve diversas tecnologias colonialistas para tentar neutralizar as ondas da rádio argelina: os franceses usavam técnicas de *jamming*, guerra de ondas para empastelar eletronicamente a transmissão, obrigando os emissores a serem redirecionados a outra frequência. A Revolução Argelina foi um grande laboratório de práticas de descolonização da linguagem, da tecnologia e da técnica. Experiências com mídia revolucionária[51], zines produzidos por guerrilheiros, jornais produzidos por um sujeito coletivo anônimo – Fanon tomou parte nisso. Em *Sociologia de uma revolução*, Fanon argumenta que a dialética da descolonização ocorre até mesmo no uso da língua do colonizador. Em *Pele negra, máscaras brancas*, já havia alertado que adotar a língua do colonizador significava também adotar o mundo cultural da metrópole. Mas com o fortalecimento do uso de radiodifusão pela FLN, *Voz da Argélia combatente* era transmitida em árabe, em francês e em kabylie.

Fanon nos ensina que o horizonte anticolonial não estava nem na recusa nem na recepção passiva das tecnologias coloniais, mas sim na sua calibanização anticolonial em direção a uma emancipação humana desracializante, permitindo ao colonizado se reconhecer como parte da totalidade humano-genérica. Reconhecimento este

---

[50] Ibidem, p. 63-4, tradução livre.

[51] Sobre circulação de ideias, mídia, jornais e zines na Revolução Argelina, ver Walter Lippold, *Fanon e a Revolução Argelina* (3. ed., Niterói, Proprietas, 2022).

alcançado apenas com a morte objetiva – e subjetiva – do colonialismo. A tarefa colocada não é a de demonizar ou endeusar as redes e plataformas, mas explicitar o seu caráter social e historicamente determinado. Isso implica dizer que o problema não é o aprendizado de máquinas ou a chamada inteligência artificial em si, mas sim os sentidos pelos quais são projetados e, sobretudo, os usos que lhes atribuímos.

A adesão de Zuckerberg à agenda fundamentalista de Donald Trump, na mesma semana que anuncia a intenção de anexar territórios ricos em minerais úteis às tecnologias digitais, evidencia a consolidação do colonialismo digital. Uma nova etapa de expropriação e exploração em que a generalização da guerra e a ocupação colonial de territórios – sob a dominação ou o genocídio de povos – se tornarão cada vez mais comuns, já que viabilizam, em termos materiais, o atual desenvolvimento tecnológico. As tecnologias de comunicação estão sendo crescentemente colonizadas pelas *big techs* (na maioria, concentradas no Vale do Silício), de tal forma que, hoje, nenhuma luta pela liberdade e emancipação pode mais ignorar as tecnologias digitais – assim como Fanon fez com o rádio. Aqui consiste, a nosso ver, a perspectiva hacker-fanoniana.

Ao mesmo tempo, Fanon sabia que a descolonização não poderia ser completa e bem-sucedida se não abalasse "as carcomidas fundações do edifício" capitalista[52]. Não haverá saída para o colonialismo digital enquanto estivermos no capitalismo. A descolonização da tecnologia implica a necessária descolonização de toda a sociabilidade, fato que só é possível em uma ordem societária que não subsuma (colonize) a tecnologia à valorização do valor. No entanto, a crescente violência implícita a essa fase destrutiva da produção capitalista exige que não esperemos uma possível revolução para pensar nas mediações particulares da

---

[52] Frantz Fanon, *Pele negra, máscaras brancas*, cit., p. 25.

exploração – como é o caso do colonialismo digital –, mas que encaremos o mundo em sua concretude, contradições e possibilidades de insurgência.

Isso significa tomar partido de tarefas que, embora não sejam revolucionárias, em um sentido mais radical, são urgentes para defender os mais explorados e oprimidos da ofensiva capitalista ou estratégicas para avançarmos em uma luta pela edificação de outra ordem societária. É fundamental que, mesmo denunciando os limites, tomemos posição diante de questões como a regulação das plataformas e da inteligência artificial, soberania digital, entre outras, e façamos frente, por todos os meios necessários, a essa fase de consolidação do colonialismo digital.

Referências

BARROS, Thiane Neves. Estamos em marcha! Escrevendo, agindo e quebrando códigos. In: SILVA, Tarcízio (org.). *Comunidades, algoritmos e ativismos digitais*: olhares afrodiaspóricos. São Paulo, Literarua, 2020.

CAMPOS, Letícia Eli P. *Mulheres negras em ciberativismo produzindo subjetividades*. Mestrado em psicologia social e institucional, Porto Alegre, UFRGS, 2021.

CORRÊA, Bianca Kremer N. *Direito e tecnologia em perspectiva amefricana*: autonomia, algoritmos e vieses raciais. Doutorado em direito, Rio de Janeiro, PUC-RJ, 2021.

COULDRY, Nick; MEJIAS, Ulises. *The Costs of Connection*: How Data is Colonizing Human Life and Appropriating it for Capitalism. Redwood City, Stanford University Press, 2019.

FANON, Frantz. *Sociología de una revolución*. 3. ed., trad. V. Flores Olea, Cidade do México, ERA, 1976.

______. *Pele negra, máscaras brancas*. Trad. Sebastião Nascimento e Raquel Camargo, São Paulo, Ubu, 2020.

______. *Por uma revolução africana*: textos políticos. Trad. Carlos Alberto Medeiros, Rio de Janeiro, Zahar, 2021.

______. *Os condenados da terra*. Trad. Ligia Ferreira Fonseca e Regina Salgado Campos, Rio de Janeiro, Zahar, 2022.

FAUSTINO, Deivison M. A "interdição do reconhecimento" em Frantz Fanon: a negação colonial, a dialética hegeliana e a apropriação calibanizada dos cânones ocidentais. *Revista de Filosofia Aurora*, v. 33, n. 59, ago. 2021.

______; LIPPOLD, Walter. *Colonialismo digital*: por uma crítica hacker-fanoniana. São Paulo, Boitempo, 2023.

______; ______. Que humano é esse das humanidades digitais? Por uma crítica hacker-fanoniana ao fardo do *nerd* branco. *Revista de Teoria da História*, v. 26, n. 1, 2023, p. 120-43.

FELLNER, Ana María Rivera. *Tecnologias Ch'ixi*: experiências micropolíticas para descolonizar as tecnologias – o caso da Casa de Cultura Tainã e a Rede Mocambos. Doutorado em tecnologia e sociedade, Curitiba, UTFPR, 2020.

FERRARI, Terezinha. *Fabricalização da cidade e ideologia da circulação*. São Paulo, Outras Expressões, 2012.

GOMES, Viviane Rodrigues; NUNES, Charô; SANTIAGO, Larissa. Do pretoguês tecnológico à blogagem coletiva: a reconstrução de um caminhar tecnológico diante da virtualização da vida. In: BARROS, Thiane N.; SILVA, Tarcízio (orgs.). *Griots e tecnologias digitais*. 1. ed., Brasília, Instituto Brasileiro de Pesquisa e Análise de Dados – IBPAD, Desvelar, 2023.

GONZALEZ, Lélia. Entrevista concedida a Jônatas Conceição da Silva. *Jornal do MNU (Movimento Negro Unificado)*, v. 11, n. 19, maio/jun. 1991, p. 8-9.

______. Para compreender a "Améfrica" e o "pretuguês". *Outras Palavras*, 22 jul. 2019. Disponível em: <https://outraspalavras.net/eurocentrismoemxeque/para-compreender a amefrica-e-o-pretugues/>; acesso em: 29 abr. 2025.

______. *Por um feminismo afro latino americano*: ensaios, intervenções e diálogos. Orgs. Flavia Rios e Márcia Lima, Rio de Janeiro, Zahar, 2020.

GRITTEN, David; BACHEGA, Hugo. Second Wave of Lebanon Device Explosions Kills 20 and Wounds 450. *BBC*, 18 set. 2024.

KWET, Michael. A ameaça nada sutil do colonialismo digital. Trad. Simone Paz. *Outras Palavras*, 15 mar. 2021. Disponível em: <https://outraspalavras.net/tecnologiaemdisputa/a-ameaca-nada-sutil-do-colonialismo-digital/>; acesso em: 29 abr. 2025.

LIPPOLD, Walter. *Fanon e a Revolução Argelina*. 3. ed., Niterói, Proprietas, 2022.

______; FAUSTINO, Deivison M. Colonialismo digital, racismo e acumulação primitiva de dados. *Germinal*: Marxismo e Educação em Debate, v. 14, n. 2, 2022, p. 56-78.

LOEWENSTEIN, Antony. *Laboratório Palestina*: como Israel exporta tecnologia de ocupação para o mundo. Trad. Gabriel Rocha Gaspar, São Paulo, Elefante, 2024.

MBEMBE, Achille. *Crítica da razão negra*. Trad. Sebastião Nascimento, São Paulo, n-1, 2018.

MENEZES, Karina Moreira. *Pirâmide da pedagogia hacker* = [vivências do (im)possível]. Doutorado em educação, Salvador, Faced-UFBA, 2018.

NKRUMAH, Kwame. *Neocolonialismo*: último estágio do imperialismo. Trad. Maurício C. Pedreira, Rio de Janeiro, Civilização Brasileira, 1967.

PASQUINELLI, Matteo. *The Eye of the Master*: A Social History of Artificial Intelligence. Nova York/Londres, Verso, 2023.

______. Por uma história social da IA. Trad. Leonardo Foletto e Leonardo Palma, *Outras Palavras*, 1º mar. 2024. Disponível em: <https://outraspalavras.net/tecnologiaemdisputa/por-uma-historia-social-da-ia/>.

PROPMARK. Influenciadores negros têm menor participação em campanhas. *Propmark*, 2 set. 2020. Disponível em: <https://propmark.com.br/digital/influenciadores-negros-tem-menor-participacao-em-campanhas/>; acesso em: 17 abr. 2023.

QUEIROZ, Ivo Pereira de. *Fanon, o reconhecimento do negro e o novo humanismo*: horizontes descoloniais da tecnologia. Doutorado em tecnologia, Curitiba, UTFPR, 2013.

______; QUELUZ, Gilson. Presença africana e teoria crítica da tecnologia: reconhecimento, designer tecnológico e códigos técnicos. In: *Simpósios Nacionais de Tecnologia e Sociedade*, 2011.

SAAD, Hwaida; STACK, Liam. A 9-Year-Old Girl Killed in Pager Attack Is Mourned in Lebanon. *The New York Times*, 18 set. 2024.

SANTOS, Antônio Bispo dos; MAYER, Joviano Maia. Início, meio, início: conversa com Antônio Bispo dos Santos. *Indisciplinar*, v. 6, n. 1, 23 out. 2020, p. 52-69.

SANTOS, Milton. *Por uma outra globalização*: do pensamento único à consciência universal. 6. ed., Rio de Janeiro/São Paulo, Record, 2001.

SCHMIDT, Insa M.; WAIKAR, Sushrut S. Separate and Unequal: Race-Based Algorithms and Implications for Nephrology. *Journal of the American Society of Nephrology*, v. 32, n. 4, abr. 2021.

SHIMABUKURO, Igor. Receitas das *big techs* disparam em virtude da pandemia do coronavírus. *Olhar Digital*, 17 maio 2021. Disponível em: <https://olhardigital.com.br/2021/05/17/pro/

receitas-das-big-techs-disparam-em-virtude-da-pandemia/>; acesso em: 29 abr. 2025.

SILVA, Tarcízio. Linha do tempo do racismo algorítmico: casos, dados e reações. *Blog do Tarcízio Silva*, 2020. Disponível em: <https://tarciziosilva.com.br/blog/posts/racismo-algoritmico-linha-do-tempo>; acesso em: 29 abr. 2025.

______ (org.). *Comunidades, algoritmos e ativismos digitais*: olhares afrodiaspóricos. São Paulo, Literarua, 2020.

SILVEIRA, Sérgio Amadeu da. WikiLeaks e as tecnologias de controle. In: ASSANGE, Julian. *WikiLeaks*: quando o Google encontrou o WikiLeaks. Trad. Cristina Yamagami, São Paulo, Boitempo, 2015.

______; MENEZES, Maria José. Pacote Moro, perfil genético e a nova eugenia. *Portal Geledés*, 2 mar. 2020. Disponível em: <https://www.geledes.org.br/pacote-moro-perfil-genetico-e-a-nova-eugenia-2/>.

______. A hipótese do colonialismo de dados e o neoliberalismo. In: SILVEIRA, Sérgio Amadeu da; SOUZA, Joyce; CASSINO, João Francisco (orgs.). *Colonialismo de dados*: como opera a trincheira algorítmica na guerra neoliberal. São Paulo, Autonomia Literária, 2021, p. 33-51.

VAN DIJCK, Jose. Datafication, Dataism and Dataveillance: Big Data between Scientific Paradigm and Ideology. *Surveillance & Society*, v. 12, n. 2, 9 maio 2014, p. 197-208.

YEROS, Paris; JHA, Praveen. Neocolonialismo tardio: capitalismo monopolista em permanente crise. Trad. Kenia Cardoso, *Agrarian South*: Journal of Political Economy, v. 9, n. 1, 27 maio 2020. Disponível em: <https://www.agrariansouth.org/2020/05/27/neocolonialismo-tardio-capitalismo-monopolista-em-permanente-crise/>; acesso em: 29 abr. 2025.

ŽIŽEK, Slavoj. O deserto pós-humano. Trad. Daniel Pavan, *Instituto Humanitas Unisinos – IHU*, 13 maio 2023. Disponível em: <https://www.ihu.unisinos.br/categorias/627866-o-deserto-pos-humano-artigo-de-slavoj-zizek>.

Fontes

Versões prévias dos ensaios que compõem este livro foram publicadas originalmente em:

Capítulo 1 – Fanon e a configuração colonialista
Muryatan S. Barbosa, "A atualidade de Frantz Fanon: acerca da configuração colonialista", em Washington Santos Nascimento e Silvio de Almeida Carvalho Filho (orgs.), *Intelectuais das Áfricas* (Rio de Janeiro, Pontes, 2018).

Capítulo 2 – Hegel, Fanon e a (suposta) interdição da dialética
Deivison M. Faustino, "A 'interdição do reconhecimento' em Frantz Fanon: a negação colonial, a dialética hegeliana e a apropriação calibanizada dos cânones ocidentais", *Revista de Filosofia Aurora*, v. 33, n. 59, 2021.

Capítulo 3 – Tortura e configuração colonialista: uma leitura fanoniana do livro *Tortura na colônia de Moçambique, 1963-1974*
Muryatan S. Barbosa, "Tortura e configuração colonialista: uma leitura fanoniana do livro *Tortura na colônia de Moçambique (1963-1974)* e mais além", *Sankofa*, v. 10, 2017.

Capítulo 4 – Freud, Fanon e o mal-estar colonial
Deivison M. Faustino e Miriam Debieux Rosa, "O mal-estar colonial: racismo, indivíduo e subjetivação na sociabilidade contemporânea", *Psicologia e Sociedade*, n. 35, 2023.

Capítulo 5 – Homi Bhabha leitor de Frantz Fanon: acerca da prerrogativa pós-colonial e do "Fanon pós-colonial"
Muryatan S. Barbosa, "Homi Bhabba leitor de Frantz Fanon: acerca da prerrogativa pós-colonial", *Revista Crítica Histórica*, v. 2, 2012.

Capítulo 6 – Frantz Fanon teórico da tecnologia digital é publicado pela primeira vez neste volume.

Wikimedia Commons

Publicado em 2025, cem anos após o nascimento de Fanon, este livro foi composto em Chaparral Pro, corpo 11/13,5, e impresso em papel Pólen Natural 80 g/m² pela gráfica Eskenazi, para a Boitempo, com tiragem de 4 mil exemplares.